平 著

WENHUA RUANSHILI YU JINGJI SHEHUI FAZHAN

文化软实力与经济社会发展

——基于广西壮族自治区发展视角的文化研究

江苏大学出版社
JIANGSU UNIVERSITY PRESS
镇江

图书在版编目(CIP)数据

文化软实力与经济社会发展：基于广西壮族自治区发展视角的文化研究 / 李建平著. — 镇江：江苏大学出版社，2013.2
ISBN 978-7-81130-439-8

Ⅰ. ①文… Ⅱ. ①李… Ⅲ. ①地方文化—文化事业—研究—广西②区域经济发展—研究—广西③社会发展—研究—广西 Ⅳ. ①G127.67②F127.67

中国版本图书馆 CIP 数据核字(2013)第 023480 号

文化软实力与经济社会发展：基于广西壮族自治区发展视角的文化研究

著　　者/李建平
责任编辑/顾正彤　顾海萍
出版发行/江苏大学出版社
地　　址/江苏省镇江市梦溪园巷 30 号(邮编：212003)
电　　话/0511-84446464(传真)
网　　址/http://press.ujs.edu.cn
排　　版/镇江文苑制版印刷有限责任公司
印　　刷/句容市排印厂
经　　销/江苏省新华书店
开　　本/890 mm×1 240 mm　1/32
印　　张/8
字　　数/214 千字
版　　次/2013 年 3 月第 1 版　2013 年 3 月第 1 次印刷
书　　号/ISBN 978-7-81130-439-8
定　　价/38.00 元

序：中国发展文化软实力的必由之路

——为李建平《文化软实力与经济社会发展》一书所作

花　建*

在历史上，很少有一个概念像“软实力”(Soft Power)那样，一经提出就获得高度关注和广泛探索，被世界上的主要国家作为提升综合国力的重大问题进行研究；也很少有一个概念像“软实力”那样，凝聚了一代又一代的有识之士，从有关政府到各类智库，均投入了大量的资源和智慧，从理念和战略层面上做了如此多的探索和积淀，引起人们从各个不同的角度来解释它，并且据此对自己国家、城市和集团的政策与战略做出深刻的设计和调整。

软实力的理论和实践，是一个逐步积累和更新的过程。“软实力”的客观存在属性是不可忽视的。在“软实力”概念被正式提出并且引起人们广泛关注之前的漫长岁月中，“软实力”作为一种客观存在一直发挥着影响，犹如科学探索揭示了长期存在的自然规律一样。只是在21世纪全球综合国力竞争的大背景下，软实力的作用和变化显得更加突出。从经典的国际关系现实主义理论，到20世纪90年代美国倡导的软实力理论，再到21世纪全球范围内对软实力理论的多元解释和应用，以及中国、美国、日本、印度等主要国家对软实力战略的研究和制订，国际上有关软实力的国际关系基础、理论建设和实践策略正在不断发展和深化，形成一条前后呼应、传递更新的理论脉络和战略线索。

---

* 花建，上海社会科学院文化产业研究中心主任、研究员，国家发改委国际合作中心特约研究员。

中国作为21世纪崛起的世界性大国,确立了推动中华民族改革开放、完成祖国统一、推动世界和平发展的三大历史使命。中国走向伟大复兴的根本道路是和平发展。"和平"是这条道路的旗帜和目标,"发展"是这条道路的内涵和本质,"科学"是这条道路的思想方法和可持续条件,"开放"是这条道路的根本动力和历史必然。从这样一条根本性的道路出发,中国不但要充分吸收国际上软实力研究和实践的重要经验,更要从中华文化的传承和积累中,发掘文化软实力的丰富资源,探索中国建设文化软实力的独特道路,在开放与合作的过程中,推动全球化向着积极、多元和包容的方向发展。胡锦涛同志在中共"十七大"报告中强调指出:"当今时代,文化越来越成为民族凝聚力和创造力的重要源泉,越来越成为综合国力竞争的重要因素","要坚持社会主义先进文化的前进方向,兴起社会主义文化建设新高潮,激发全民族的文化创造活力,提高国家文化软实力"①。这是中国领导人对提升中国文化软实力的正式宣告,为中国文化建设指出了战略的方向。

中国政府庄严地向全球宣布:中国将坚定不移地走和平发展的道路。从历史、现实与未来的结合看,中国走和平发展道路符合历史规律、时代潮流,是人心所向,是中国实现现代化,成为世界强国的唯一选择。中国文化软实力建设的根本目标,就是顺应中国和平发展的战略,从文化观念、文化资源、文化创新、文化产业、文化传播、文化民生等方面,建立与国家综合实力相适应的精神支柱、创意源头、资源基础、支柱产业、服务体系,建设成为全球性的文化强国。

这一奋斗目标包含两个方面的含义:一是服从国家战略目标的问题,即争取在21世纪最终实现中华民族的伟大复兴这一世纪

① 胡锦涛:《高举中国特色社会主义伟大旗帜 为夺取全面建设小康社会新胜利而奋斗——在中国共产党第十七次全国代表大会上的报告》,2007年10月15日。

梦想，由此，中国文化建设不是自给自足、自我封闭或者委曲求全，也不是霸权扩张、强势推广，而是体现中国利益与人类利益的一致性，体现中国的文化建设有助于建设“和谐亚洲”“和谐世界”，坚决反对霸权主义（包括全球霸权和地区霸权主义），体现中国文化建设对当代世界文化格局的贡献、补充和推动。二是体现中国和平发展的方式问题，也就是中国走向强大的路径，既要依托经济、科技、军事等硬实力，也要运用政治、文化、外交等软实力，在全球范围内形成广泛的同化能力和引导能力。所以，中国所追求的世界大国目标，必定内在地要求它是一个最有吸引力和亲和力的文化强国，中国强调在处理国与国关系时，以国家的综合实力为基础，要广泛采用说服、沟通、感染、交流、引导等方式。因此中国必将要通过大量的文化产品、文化服务、文化贸易、文化服务、文化交流等，向全球传播中国的文化理念。这就需要形成中国文化在内容创新力、产业贡献力、传播亲和力、民生服务力等方面的示范作用，让全球越来越多的有识之士，能够认同和跟随以中国为代表的现代化道路，从而推动人类和平与发展的伟大事业。

李建平研究员长期担任广西社会科学院文史研究所所长、研究生导师，是著名的文化学者。他立足于八桂大地这一片民族文化的沃土，放眼于中国与东南亚合作交流的大局，依托于多年对广西经济社会文化发展的了解，承担了包括国家社会科学基金项目、广西壮族自治区政府重大研究课题等许多文化项目，对广西文化建设进行了卓有成效的研究，先后获得许多奖项。这一本著作是他近年来从文化软实力和经济社会综合发展的角度研究广西文化建设的成果结晶，内容广泛、价值颇高。其中既有对广西文化资源和历史文脉的梳理，包括从首府南宁到沿边城乡的文化分析，反映了他对八桂大地历史和遗产的调研成果；也有对中国与东南亚国家文化合作交流的认真研究，提出了广西建设面向东南亚的区域性文化中心的构想；还有对广西发展文化产业的对策思考，包括围绕北部湾经济区建设,培育和壮大文化企业等方面的研究成果。从这本书中,我们可以看到他勤于调研、善于钻研、长期积累、厚积薄发的学者情怀,也可以看到他对广西文化建设的赤忱之心和独特见解。我衷心祝愿李建平研究员为广西和中国的文化建设贡献更多更好的研究成果。

2012 年 8 月 25 日

目　录

第二章
以文化软实力促进经济社会发展

第三章
文化参与中国—东盟自贸区建设研究

第四章
文化开发与文化产业发展

第一章

发展先进文化　提升文化软实力

坚定不移发展社会主义先进文化是中华民族的伟大任务

胡锦涛同志在纪念中国共产党成立90周年大会上作的“七一”讲话，总结了中国共产党成立90年来三个30年历史阶段里的重要经验，提出了中国共产党和中国人民未来的发展目标和奋斗要求，是指导我党和我国人民走向建设全面小康社会战略目标的重要文献。“七一”讲话包含了丰富的历史经验与重要理论，其中，关于“继续大力推动社会主义文化大发展大繁荣，坚定不移发展社会主义先进文化”的思想，对于指导未来中国的发展，意义十分重大。

一、中国共产党高度重视文化的价值和发展社会主义先进文化

中国共产党从建党那一天起，就是以马克思主义为指导的富于理论思维的革命政党。党的历届领导人都十分重视理论学习，重视党内以及国家的文化建设。毛泽东当年就说过，“没有文化的军队是愚蠢的军队”，邓小平也提出要重视精神文明建设，“两手抓，两手都要硬”，江泽民提出的“三个代表”重要思想，其一就是“代表先进文化的前进方向”。当今时代，文化软实力正在成为构成国家综合实力的重要部分。在中国处于建设全面小康社会的关键时期和已经成为世界第二大经济体的战略格局下，胡锦涛同志提出“大力推动社会主义文化大发展大繁荣，坚定不移发展社会主义先进文化”，表明了中国共产党高度重视文化的价值和作用，重视文化建设的坚定性。我们应当深刻理

解胡锦涛同志“七一”讲话中关于文化建设论述的重要思想，高度重视文化建设的重大意义。

关于我们要发展的社会主义先进文化，胡锦涛同志“七一”讲话提出了原则性的要求，就是要“着眼于提高民族素质和塑造高尚人格，以更大力度推进文化改革发展，在中国特色社会主义伟大实践中进行文化创造，让人民共享文化发展成果”。这体现了中国共产党在科学发展观指导下“以人为本”政治原则的落实。这个要求体现了“发展社会主义先进文化”不是做空洞的宣教和虚假的粉饰，它围绕着以人为本，提出最重要的两点是：人本身提高素质品味，社会为人的发展提供优异的文化发展成果。这就不再是空洞的理论说教，而是具体的要求。这是指导我们在服务大众的原则下“坚定不移发展社会主义先进文化”的新要求。我们的一切文化工作，应当围绕这一原则和要求去努力和创新。

二、发展社会主义先进文化的五大任务

如何发展社会主义先进文化？胡锦涛同志“七一”讲话提出五大任务：一是推动社会主义先进文化更加深入人心；二是推动社会主义精神文明和物质文明全面发展；三是不断开创全民族文化创造活力持续迸发、社会文化生活更加丰富多彩、人民基本文化权益得到更好保障、人民思想道德素质和科学文化素质全面提高的新局面，建设中华民族共有精神家园；四是必须把社会主义核心价值体系建设融入国民教育、精神文明建设和党的建设全过程；五是要加快文化体制改革，加快构建公共文化服务体系，加快发展文化事业和文化产业；六是要着眼于推动中华文化走向世界，形成与我国国际地位相对称的文化软实力，提高中华文化国际影响力。

在这里，胡锦涛同志尤其强调了社会主义核心价值体系的建

设和落实问题。我们知道，社会主义核心价值体系是社会主义先进文化的主要表现，因为意识形态是文化的灵魂和核心，决定文化发展的方向和性质。社会主义核心价值体系以理论层面为主导，统领理想、精神、道德等不同层面，是社会主义意识形态的本质体现。发展社会主义先进文化就必然要求把社会主义核心价值体系建设融入国民教育、精神文明建设和党的建设全过程。胡锦涛同志为此在“七一”讲话中提出：“要坚持用马克思主义中国化最新成果武装全党、教育人民，引导广大干部群众深刻领会党的理论创新成果，坚定理想信念。要在全体人民中大力弘扬以爱国主义为核心的民族精神和以改革创新为核心的时代精神，增强民族自尊心、自信心、自豪感，激励全党全国各族人民为实现中华民族伟大复兴而团结奋斗。”这里，“七一”讲话还具体提出了“四德”建设和加强青少年的德育培养的问题，其中，关于“社会公德、职业道德、家庭美德、个人品德”的建设，要求十分具体明了，意义也特别重要，应当不仅在全党而且要在全社会大力开展宣传和实施工作，使社会主义核心价值体系建设真正融入全社会和广大民众之中。

“提高中华文化国际影响力”，这是发展社会主义先进文化的又一项重大而紧迫的任务。“七一”讲话指出：“要着眼于推动中华文化走向世界，形成与我国国际地位相对称的文化软实力，提高中华文化国际影响力。中华民族创造了源远流长、博大精深的中华文化，中华民族也一定能够在弘扬中华优秀传统文化的基础上创造出中华文化新的辉煌。”这里包含了中国共产党对中华文化的历史与未来的清醒认识，着眼于全球格局的战略思考和对中华文化未来发展的充分自信，是面向未来和置于世界文化格局的一种文化定位。自鸦片战争以来无数豪杰之士为之奋斗的中华崛起的目标，不仅仅是GDP在世界格局中的位次所能决定的，中华文化走向世界，才是中华民族崛起的根本标志。我们每一个炎黄子孙，为此应当奋发努力！

三、我们的工作和努力

当前，广西北部湾经济区建设风生水起，广西地处泛北部湾区域合作的前沿阵地，经济社会发展面临巨大变革，发展快速。面对这种重大的战略布局和发展形势，广西各级领导、全社会民众以及广大文化工作者承担着加速提升文化软实力、“大力推动社会主义文化大发展大繁荣”“坚定不移发展社会主义先进文化”和“推动中华文化走向世界”的重要职责。

结合广西的实际，发展社会主义先进文化，我认为要从以下方面着手：

（一）把握先进文化的前进方向，坚持文化发展不动摇

我们要清楚地看到先进文化的巨大作用。一是提振精神动力，包括思想境界、信念信仰、智慧学识、舆论氛围等。它能提供良好的发展环境。二是增强经济实力，文化产业能直接提高 GDP 增长数量。三是优化经济增长方式和促进产业转型，改进经济社会发展模式。四是提升国民素质和劳动力技能，促进人的全面发展。各级领导和各地政府要对大力发展社会主义先进文化在经济建设和强化国家综合国力方面的重要性有足够的认识。只有树立文化立业的观念，尤其是要把文化产业提升到新的经济增长点来整体认知，才有利于社会主义文化的整体协调发展。

（二）大力开展社会主义核心价值体系建设和落实，建设和谐文化

大力开展社会主义核心价值体系建设和落实，把社会主义核心价值体系建设由党内推广到全社会，融入国民教育、精神文明建设和党的建设之中，动员全社会学习和研究社会主义核心价值体系的理论，包括基本理论、核心内容、具体形态、作用与意义；学习和研究和谐文化建设的相关理论。制订传播社会主义核心价值体

系的途径、方式、方法，包括宣讲学习、新闻出版、广播电视、文艺创作、群众文化、学校教育、道德风俗，等等，检验其作用和成效，把建设社会主义核心价值体系和建设和谐文化有机结合起来。

（三）建立文化产业机制，大力发展文化产业

发展文化产业，壮大文化生产力是发展社会主义先进文化的重要途径。广西提出在2015年实现文化产业"千亿元"目标，任务十分艰巨。应当看到，广西的文化产业还存在明显地发育不足的现象。一是现有的文化产业数量少，产值低；二是地区发展不均衡，南宁、桂林、北海等广西东北部和北部湾地区占到文化产业增加值的70%以上，桂西和桂西北地区却发展迟缓；三是对文化产业投入不足，发展势头不猛；四是文化产业发展规模还未形成，大型文化企业较少，不能发挥引领作用。我们建议：把文化产业作为国民经济新的增长点，纳入"十二五"规划的大盘子里面，形成全社会大力发展文化产业的整体认知，建立健全文化产业发展机制，加大文化产业投入，加快文化产业的发展。

（四）着力发展文化教育，提高国民文化科技素质

发展社会主义先进文化必须加快教育普及，尽快提高国民的文化科技素质。

第一，继续加大对教育的投资。广西的教育长期处于较低水平，更应该迎头赶上，应加大投资，加快发展。第二，调整教育结构。要在继续开展普及九年制义务教育的同时，将教育工作的重点向高等教育倾斜，为社会主义文化建设培养更多高素质人才。第三，充分利用现代信息技术，加快教育步伐。要积极创造条件发展以信息技术为依托的"开放式大学"，包括电视教育、远程教育、网络教育、虚拟大学等，最大限度地开发知识获取渠道，迅速强化知识发展能力。

综上所述，我们要深入学习领会胡锦涛同志的重要讲话精神，把思想统一到讲话精神上来，这对于全面推进党建设新的伟大工

程和中国特色社会主义伟大事业,具有极其重要的意义。在中国共产党的领导下,中国人民经过坚定不移发展社会主义先进文化,就一定能创造出中华文化新的辉煌。

在深化文化体制改革中推进文化大发展大繁荣

党的十七届六中全会以深化文化体制改革，推动社会主义文化大发展大繁荣为主题，动员全党全国力量为建设社会主义文化强国而奋斗，是一个关系我国经济社会发展全局的重大决策。改革开放以来的实践告诉我们，发展的动力在于改革。时代的发展把深化文化体制改革、大力开展社会主义文化建设的任务推上了中国改革开放的前台。

一、深化文化体制改革是党的文化工作的重要内容

（一）文化体制改革的提出

改革开放以来，党中央多次反复重申了社会主义精神文明建设的重要意义和重要内容，多次强调“两手都要硬”和“两个文明一起抓”的重要性，坚持“依法治国”和“以德治国”相结合，推进文化事业和文化产业同发展。从十二大到十四大的历次党代会召开的10年间，一直将文化建设视作精神文明建设的一个重要方面来抓。党的十五大明确提出，文化是综合国力的重要标志，对文化与综合国力的关系、文化与政治、经济的相对独立关系，有了较为清醒的认识。国家“十五”计划中首次提出发展“文化产业”，要求“完善文化产业政策，加强文化市场建设和管理，推动有关文化产业发展”。改革开放以来的实践告诉我们，发展的动力在于改革。时代发展就这样把文化体制改革任务推上了中国改革开放的前台。

2002年,党的十六大首次作出深化文化体制改革、发展文化事业、文化产业的战略部署,大会提出要“积极发展文化事业和文化产业”,“根据社会主义精神文明建设的特点和规律,适应社会主义市场经济发展的要求,推进文化体制改革”。文化体制改革正式在党的文件中被提出,成为文化工作的首要任务。

(二)文化体制改革的演进过程

为贯彻十六大“推进文化体制改革”的要求,2003年6月,国家确定了深圳、丽江等9个地区和35家文化单位作为文化体制改革试点,要求试点地区和单位在积极培育市场主体、深化内部改革、转变政府职能、建立市场体系等方面开始文化体制改革的探索。文化体制改革大幕在全国各地徐徐拉开。

2005年,在总结文化体制改革试点地区和单位的改革实践的基础上,中共中央、国务院制定并下发《关于深化文化体制改革的若干意见》,把加快文化领域结构调整、培育现代文化市场体系、形成以公有制为主体多种所有制共同发展的文化产业格局作为深化文化体制改革的重点任务进行了系统部署。2006年3月,在第一批试点地区和单位三年改革实践结束后,中央召开全国文化体制改革工作会议,新确定了全国89个地区和170家单位作为第二批文化体制改革试点。文化体制改革在稳步推进。

党的十七大以来,改革开放进入新的发展阶段。党中央从战略高度深刻认识到文化的重要地位和作用,在党的“十七大”报告、国家“十二五”规划中都以专门章节对文化领域的发展和改革作出重大决策和全面部署。由2008年到2010年,中共中央宣传部和文化部、中共中央办公厅和国务院办公厅分别发布或转发关于文化体制改革的三个主要文件:《国务院办公厅关于印发文化体制改革中经营性文化事业单位转制为企业和支持文化企业发展两个规定的通知》(国办发〔2008〕114号)、《中央宣传部关于深化国有文艺演出院团体制改革的若干意见》(文政法发〔2009〕25

号)、《中央宣传部关于党的十六大以来文化体制改革及文化事业文化产业发展情况和下一步工作意见》,为各地文化体制改革工作作出政策规定和具体指导,并对在文化体制改革中加快推进文化产业发展,把文化产业培育成为推动我国经济发展方式转变的战略性新兴产业作出部署。2010 年 7 月,胡锦涛同志在中央政治局第二十二次集体学习时提出"顺应时代要求深化文化体制改革,推动社会主义文化大发展大繁荣",发展中国特色社会主义文化的基本理念和原则正式确定。文化体制改革在全国取得初步成果和喜人成效,也开始了全面推进的新里程。

(三)广西文化体制改革的实施过程

广西文化体制改革工作最早由 2004 年开始,该年 4 月,经中宣部、新闻出版总署及广西壮族自治区人民政府批准,原广西区新华书店、广西外文书店、广西图书进出口公司等单位经过整合组建成立了广西新华书店集团有限公司,这是广西文化事业单位首家经转企改制组建的文化企业。2009 年,广西出版系统率先完成系统内全部转企改制工作,除保留广西民族出版社一家为公益性出版事业单位外,其余 7 家出版社全部完成转企改制。12 月 22 日,广西出版传媒集团有限公司、广西日报传媒集团和广西日报传媒集团有限公司成立揭牌。2011 年,广西文化产业投资集团、广西电影集团相继组建成立。转企改制后的集团公司通过公司制改造和资产授权经营,激活了生产经营潜力,在管理体制、运行机制、发展战略、经营管理和技术研发等方面实现了创新和突破,综合实力得到增强,市场营销有了突破。

二、我国文化体制改革的初步成效

建设一批文化惠民重点工程,初步形成覆盖城乡的公共文化服务体系。9 年来的文化体制改革,带来了文化服务和管理机制的变革,促使文化建设面向千家万户服务。国家拨付专项资金,实施"广播电视村村通"工程、"农村电影放映"工程、"全国文化信息资源共享"工程、"农家书屋"工程等重大文化惠民项目。各级财政对农村地区、西部地区,特别是老、少、边、穷地区文化建设的扶持力度不断加大。据统计,"十一五"时期,全国文化事业费总计超过 1000 亿元,年均增幅 25%。

广西的公共文化服务体系建设也取得很大成果。至 2010 年底,全区免费开放的博物馆、纪念馆增加到 36 个;广西的"农家书屋"工程完成建设项目 3742 个;各地广电局提前完成国家下达的一村一月放映一场电影的任务,全年完成农村电影公益放映 180097 场,超额完成 7789 场;全区专业院团服务基层演出 6679 场;中央、自治区级财政和市级配套资金共投入 2 亿多元,对广西 123 座无线广播电视台(站)478 部广播电视频调发射机进行了更新改造,将广播电视信号延伸到 20 户以上已通电的自然村,广西共解决 148.53 万户、近 600 万边远地区农民收听收看广播电视难的问题,"村村通"工程建设走在全国前列,广播和电视综合人口覆盖率分别达到 95% 和 97%。

国有经营性文化单位的转企改制取得阶段性成果。文化体制改革为文化发展注入了活力和动力。截至 2011 年上半年,全国共注销经营性文化事业单位 4000 多家,2118 家国有文艺院团中已有 590 家完成转企改制,地方 3000 多家非时政类报刊出版单位中已有 595 家完成转制,一批民营院团在改革过程中获得了较快发展。

广西的文化体制改革也稳步推进。2009 年底,广西日报传媒集团、广西出版传媒集团、广西师范大学出版社集团、广西正泰印刷包装集团相继组建,产业集中度进一步提升,集约化经济取得新成果,市场主体功能进一步完善,初步形成广西新闻出版产业优势集群。2011 年 9 月 26 日,以广西电影制片厂和广西电影公司合并组建的广西电影集团挂牌成立，广西电影实现了电影制片、发行、放映一体化集团化发展，是文化体制改革的新成果。

文化产业得到快速发展。2000年，“文化产业”一词被正式写入中央文件。发展文化产业成为文化体制改革的重要组成部分。据国家统计局的报告显示，2004年至2010年全国文化产业增加值年平均现价增长速度超过23%。2010年，我国文化产业增加值突破1.1万亿元，占国内生产总值比重为2.75%。广西文化产业也得到相应发展。其中，产业效益最大的是出版业。2010年，广西新闻出版生产总值约160亿元，占了广西文化产业的半壁江山。《印象·刘三姐》、南宁国际民歌艺术节、广西师范大学出版社等文化产业项目或企业在全国产生较大影响。

文化产品生产能力极大提升，成果丰富。体制改革释放的文化生产力使全国文化产品的生产和文化服务能力得到极大提升。在文学作品方面，仅从长篇小说来看，已从过去的一年几百部增加到现在的约2000部。在影视剧方面，2000年以来，电视剧以每年1000集的速度递增，动漫作品数量7年增长上百倍，电影票房增速连续6年保持30%以上。2010年生产电影作品500多部，电视剧作品1.4万集，动漫作品22万分钟。在电影方面，我国已是世界第三大电影生产国，电视剧和动漫年产量已是世界第一。在舞台艺术方面，每年新创作并首演的剧目达上千种，从产量上说，已经走在了世界前列。

广西文化产品的生产能力也十分强劲。2010年1—10月广西出版传媒集团有限公司共出版图书6030万册，同比增长20%。戏剧创作成效显著，2004年—2006年，《八桂大歌》《妈勒访天边》《大儒还乡》《天上恋曲》分别荣获2004年、2005年、2006年、2010年国家舞台艺术精品工程“十佳”剧目奖。电视剧、电影生产也有进步。“十一五”期间，广西共有7家影视制作机构出品电影22部，有12家影视制作机构出品电视剧36部。其中，广西电视台与外省电视机构创新电视剧制作模式,合作制作的电视剧《暗算》获得成功,产生巨大的社会效益和经济效益。电影作品的成绩也十分喜人,电影《碧罗雪山》在2010年第十三届上海国际电影节上获得9项金爵奖中的4项:评委会大奖、最佳导演奖、最佳音乐奖及评委会特别嘉奖。

三、新形势下深化文化体制改革的任务

已历经9年的文化体制改革虽然已取得显著成效,为文化发展建设开创了新局面,但是,由于文化体制改革的特殊性和复杂性,尚有一些深层次矛盾和问题待解决,这一场影响整个文化领域的改革已经到了关键阶段。《中共中央关于深化文化体制改革推动社会主义文化大发展大繁荣若干重大问题的决定》(下文简称《决定》)以文化改革发展为主题,对深化文化体制改革提出具体任务,做了六个方面的部署。

(一)深化国有文化单位改革

深化国有文化单位改革的目的,是为增强文化单位面向市场、面向群众提供服务能力。《决定》指出,深化国有文化单位改革,要"以建立现代企业制度为重点,加快推进经营性文化单位改革,培育合格市场主体"。下一阶段的主要任务,就是要科学界定文化单位性质和功能,区别对待、分类指导,循序渐进、逐步推开,推进一般国有文艺院团、非时政类报刊社、新闻网站转企改制,拓展出版、发行、影视企业改革成果,加快公司制股份制改造,完善法人治理结构,形成符合现代企业制度要求、体现文化企业特点的资产组织形式和经营管理模式。在改革过程中,要支持国有文化企业向资本市场融资,支持其吸引社会资本进行股份制改造,创新投融资体制。推动党报党刊、电台电视台进一步完善管理和运行机制,推动一般时政类报刊社、公益性出版社、代表民族特色和国家水准

的文艺院团等事业单位实行企业化管理。

广西在"十一五"期间，完成了广西新华书店集团、广西师范大学出版社集团、广西日报传媒集团、广西出版传媒集团、广西正泰印刷包装集团的组建。目前的任务是，按照《决定》精神，进一步加大力度、加快进度，完成经营性文化单位的转企改制。在出版领域，抓好报刊业"两分开"的改革和着手开展股份制上市公司的改革两大工作，争取在2~3年内，将有条件的出版传媒集团推向资本市场，上市融资，转变发展方式，扩大生产经营能力。在文化艺术领域，着手开展国有文艺团体的改革，筹备成立广西演艺集团，推动国有专业演出剧团的转企改制。在广播电影电视领域，积极推进广播电视节目制播分离改革，做大做强广西广播电视信息网络股份有限公司，巩固广西电影集团的改革成果。在整体上推动资源重组和结构调整，建立现代企业制度，壮大广西文化产业的发展。

（二）健全现代文化市场体系

《决定》指出，"必须构建统一开放竞争有序的现代文化市场体系"，以"促进文化产品和要素在全国范围内合理流动"。现代文化市场体系由产品流动和营销市场、产业推介展览交易平台、文化产品物流基地和文化产品流通网络等构成。要通过建立健全门类齐全的文化产品市场、交易平台、物流基地和其他文化要素市场，促进文化产品和生产要素的合理流动，通过市场的作用，调配资源，激发活力，提升效益。《广西壮族自治区文化产业发展"十二五"规划》提出了健全现代文化市场体系的具体任务：发展文艺演出院线，推动主要城市演出场所、网吧连锁经营；支持全区文化票务网络建设，并与全国文化票务网络联网；继续推进广电有线电视网络整合；积极探索广西广电网络跨省区经营，推进电影院线、数字电影院线的跨地区整合以及数字影院的建设和改造；支持国有出版发行企业以资本为纽带实行跨地区兼并重组；鼓励非公有资本进入文化创意、影视制作、演艺娱乐、动漫等领域;积极开发以互联网为载体的新兴文化市场;支持优先选用拥有自主知识产权、产品质量水平高的文化设备及产品;建立健全文化市场中介机构和行业组织。积极培育和完善经纪、代理、评估、鉴定、推介、咨询、拍卖等文化中介机构,重点发展版权代理、知识产权评估、演艺经纪、信息服务、法律咨询、工艺美术品拍卖等文化中介服务,加强对文化中介机构的管理,推动文化中介机构依法依规向规范化、品牌化、规模化方向健康发展。规范发展文化行业组织,完善自律、协调、监督、服务和维权职能,充分发挥文化行业组织在规划行业发展、维护行业利益、制订行业规范、专业资质认证、组织行业交流、开展招商引资等方面的作用。

这些具体举措,将大力推进现代文化市场的建设,促进广西文化产业的快速发展。

(三)创新文化管理体制

《决定》提出,要深化文化行政管理体制改革,加快政府职能转变,强化政策调节、市场监管、社会管理、公共服务职能,推动政企分开、政事分开,完善管人、管事、管资产、管导向相结合的国有文化资产管理体制,健全文化市场综合行政执法机构,加快文化立法,提高文化建设法制化水平。要落实谁主管谁负责和属地管理原则,深入开展"扫黄打非"行动,完善文化市场管理,坚决扫除毒害人们心灵的腐朽文化垃圾。

做好文化管理体制创新工作,首先应当进一步完善工作机制。坚持和完善"党委统一领导、政府组织实施、宣传部门协调指导、行政主管部门具体落实、有关部门密切配合"的领导体制和工作机制,形成推进文化大发展大繁荣的工作合力。其次应加快政府职能转变,进一步强化政府"公共服务、政策调节、社会管理、市场监管"的职能。最后应当加快文化立法工作,加强知识产权保护,依法打击各种形式的侵权盗版行为,切实保护文化工作者的创造性劳动，保护文化企业的合法权益，形成有利于文化健康快速发展的良好市场秩序。

（四）完善政策保障体系

深化文化体制改革，必须完善政策保障体系。《决定》提出，要保证公共财政对文化建设投入的增长幅度高于财政经常性收入的增长幅度，提高文化支出占财政支出比例，落实和完善文化经济政策，设立国家文化发展基金，扩大有关文化基金和专项资金规模，提高各级彩票公益金用于文化事业的比重，继续执行文化体制改革配套政策。

广西积极贯彻中央的精神，《广西壮族自治区文化产业发展“十二五”规划》提出，在推动文化大发展、大繁荣中，要加大政府投入，通过贷款贴息、项目补贴、补充资本金等方式，支持国家级、自治区级文化产业基地建设，支持文化产业重点项目及跨区域整合，支持国有控股文化企业股份制改造，支持文化领域新产品、新技术的研发，支持大宗文化产品和服务的出口。通过加大政府投入、落实好税收政策、保障文化产业项目用地、加大金融支持、建设信息服务平台等举措，为推动文化体制改革和支持文化产业发展营造良好的发展环境，确保广西文化事业和文化产业繁荣发展。

（五）推动中华文化走向世界

《决定》提出，推动中华文化走向世界，要开展多渠道、多形式、多层次对外文化交流，促进文化相互借鉴，增强中华文化在世界上的感召力和影响力；要创新对外宣传方式方法，展现我国文明、民主、开放、进步的形象；要实施文化走出去工程，培育一批具有国际竞争力的外向型文化企业和中介机构，开拓国际文化市场；要加强海外中国文化中心和孔子学院建设，鼓励代表国家水平的各类学术团体、艺术机构在相应的国际组织中发挥建设性作用，支持海外侨胞积极开展中外人文交流，设立中华文化国际传播贡献奖和国际性文化奖项。

据文化部提供的数据显示，目前我国已同世界上160多个国家和地区保持着良好的文化交流关系，与145个国家签订了政府间文化合作协定和年度文化交流执行计划。一批具有民族特色、自主知识产权的知名文化品牌引起世界关注，一批有实力的文化企业走向世界，开拓国际市场，在弘扬中华文化的同时，取得了良好的经济效益。

广西在开展中华文化走向世界尤其是走进东盟方面做了大量的工作。2003年10月，温家宝总理在第七次中国与东盟领导人会议上提议，从2004年起，每年在广西南宁举办中国—东盟博览会。中国与东盟自由贸易区建设和中国—东盟博览会永久落户南宁，直接推动广西开展中华文化走进东盟的交流和传播，并推动广西文化产品“走出去”。2003年以来，广西宣传介绍研究东盟和中国—东盟自由贸易区建设的作品及研究成果不断涌现，与东盟国家合作举办文化、教育、体育、科考等方面的活动。2008年—2010年，广西成功承办了三届“中国图书展销暨版权贸易洽谈会”，这个在越南、柬埔寨、印尼举办的中国出版走向东盟的重大出版交流项目，成为中国出版业“走出去”的国家品牌，实现了中国出版走向东盟的新突破。2004年—2012年连续举办了九届的中国—东盟博览会在持续开展中国与东盟各国产品交易的同时展示了中国形象，2006年—2012年连续举办了七届的中国—东盟文化产业论坛促进了广西文化产业与东盟国家的合作与贸易。

在新形势下，广西要进一步拓宽对外文化交流和文化贸易的渠道。充分运用中国—东盟博览会、中国—东盟文化产业论坛等平台，加快建设中国—东盟文化产品物流园区、中国—东盟文化产业人才培养基地、中国—东盟国家数字出版基地等重大项目，拓宽文化交流和产业合作的空间和领域；继续办好广西文化舟走进东盟活动，积极筹办中国—东盟文化产品展销会，组织企业参加“深博会”“广交会”等国内和国际上重要的文化节、文博会、展览等文化交流活动等;组织力量调研东盟文化消费市场需求和空间,研究文化产品的输出策略,实现广西文化产品和文化服务“走出去”的战略任务,在文化“走进”东盟的过程中扩大中华文化的影响。广西出版界多次进入东盟举办中国图书展销暨版权贸易洽谈会。2008 年,首届中国图书展销暨版权贸易洽谈会在越南首都河内和柬埔寨首都金边举办;2009 年第二届中国图书展销暨版权贸易洽谈会在越南、柬埔寨举办;2010 年中国图书展销暨版权贸易洽谈会分别在越南首都河内和印度尼西亚首都雅加达举办。三届展销会共展出中国优秀图书 2.5 万种,总码洋近 70 万元。现场达成输出版权合同和意向的图书达 200 多种,销售图书近万册,20 多万码洋。国内各参展出版社达成向越南、柬埔寨、印尼、泰国等东盟国家输出版权合同和意向的图书达 550 种以上。其中广西出版系统向东盟输出了近 200 种图书的版权,居各省、市、自治区的前列。广西学者的著作被翻译到东盟国家的有《胡志明主席在中国》(越文)、《胡志明与广西》(越文)、《胡志明与中国》(越文)、《胡志明汉文诗抄·注释·书法》(越文)、《壮泰民族传统文化比较研究》(泰文)、《壮族》(泰文)、《中国古典文艺理论例释》(越文)、《中越经济改革比较研究》(越文)、《东盟—中国合作框架下发展中越“两廊一圈”经济》(越文)等,一些关于中国—东盟自由贸易区建设的汉文著作也在东南亚学术界和华人圈里传播,如《中国—东盟年鉴》《中国—东盟博览会发展报告》《中国—东盟商务与投资峰会发展报告》《中国—东盟知识中英文简读本》等。

(六) 积极吸收借鉴国外优秀文化成果

《决定》还提出,要积极吸收借鉴国外优秀文化成果,学习借鉴一切有利于加强我国社会主义文化建设的有益经验;一切有利于丰富我国人民文化生活的积极成果;一切有利于发展我国文化事业和文化产业的经营管理理念和机制,加强文化领域智力、人才、技术引进工作等内容。这对于增强中华文化实力,扩大中华文化与世界各民族文化的交流和影响,有着十分重要的意义。广西毗邻东盟,地缘相连,文化相近,交往历史悠久,在历史长河中,广西与东盟国家在交往过程中形成了相互合作与学习借鉴的习惯与传统,因此,在积极吸收借鉴欧美、日韩等国外优秀文化成果的过程中,广西会更多地注意吸收借鉴东盟国家的优秀文化成果。2005 年 8 月,中国与东盟正式签署了《中国与东盟文化合作谅解备忘录》,这是中国与区域组织签署的第一个有关文化交流与合作的官方文件。2007 年 1 月,中国与东盟签署了中国—东盟自由贸易区《服务贸易协议》,这就从法律上为中国与东盟各国开展文化生产和文化服务合作提供了保障。广西在 2004 年—2012 年里每年举办的中国—东盟博览会,既是中国与东盟的商贸平台,更是文化交流合作的大平台,广西应利用好中国—东盟自由贸易区建设的时机和中国—东盟博览会的平台,积极吸收国外优秀文化成果,增强广西文化实力和国际影响力,实现"富民强桂"新跨越的发展目标。

先进文化应当引领经济社会发展

——以近10年来广西文化发展为例

广西是欠发达地区，经济长期落后于东部发达地区，文化基础也相对薄弱。但经过近10年的奋发努力，在邓小平理论、“三个代表”重要思想和科学发展观指导下，广西努力建设先进文化，使文化迅速崛起，成为新世纪以来中国文化发展和西部地区文化繁荣的一个重要样本，为以先进文化推动当代经济社会发展提供了论证的实例。

一、广西文化崛起的主要标志

20世纪90年代中期以来，广西文化建设成绩斐然，在文化艺术各个领域取得一系列突出成就，从而汇成一幅文化崛起的动人图景。其主要标志为以下几项：

1. 以大型舞台艺术作品《八桂大歌》《妈勒访天边》《大儒还乡》《天上恋曲》在2004年、2005年、2006年、2010年分别获得全国十大舞台艺术精品为标志的舞台艺术成就。

2. 以作家东西、鬼子、李冯等为代表的广西作家连续两届获得鲁迅文学奖和《南方文坛》杂志创造全国文论刊物品牌为标志的文学成就。

3. 以广西电影制片厂在20世纪90年代到21世纪头10年里制作的《周恩来》《长征》《我的父亲母亲》《一个也不能少》《冰雪同行》《碧罗雪山》等影片为标志的电影艺术成就和21世纪以来

广西作家李冯编剧、张艺谋①导演的《英雄》《十面埋伏》《霍元甲》等影片创造国产电影高票房的电影产业成就。

4. 以《印象·刘三姐》、南宁国际民歌艺术节等项目为标志的文化产业创新成就。

5. 以广西师范大学出版社的总体经济规模综合评价在大学图书出版单位中居第6位的业绩为代表的出版业成就。

6. 漓江画派创造的美术成就。

这些文化艺术成就,包含深邃的文化内涵,并在全国范围内产生较大影响。北京大学教授曹文轩在评论广西文学时这么说过:20世纪末21世纪初,广西这个也许在经济上还不发达的地域,却在文学上引领潮流。广西青年作家所创作的作品,经常成为中国当代文学的话题。来自远方的声音,常常大面积地覆盖了当下的中国文学,这是一个奇观。②

二、文化参与经济社会发展的具体形态

中国的改革开放已进入到建设社会主义市场经济的时代,文化作为远离经济基础的上层建筑、精神产品,如果没有与时俱进地适应经济基础的变化,依然游离于生活和时代之外,那只能坠入时代的低谷,逐步被社会边缘化。生活在生机勃勃地展开着,文化的生存和发展应当有新的思维,文化应当在推动经济社会发展中强化自己为经济社会发展的服务功能,完善发展形态,以获得新的生存空间。

广西属于西部欠发达地区,广西文化发展显示,先进文化正在成为推动经济社会发展的强大助力。文化参与经济社会发展可以

---

① 张艺谋至今仍是广西电影制片厂名誉厂长。

② 转引自颜小拉:《踏歌前行的广西文学》,《文艺报》,2006年10月28日。

有以下一些具体形态：

1. 文本和项目形态：发挥区域文化优势，打造文化精品

创作各类文艺作品尤其是文化精品，是文化参与经济社会发展的显性形态，即文本和项目形态。

改革开放之前，远离国家政治文化中心的西部欠发达地区的文化，在国家主体意识控制的一元文化发展模式下，不可能有超越东部发达地区所形成的和国家所推崇的主流文化的实力。然而，文化的发展，应当借助国家的政治力，也应当借助文化力。欠发达地区的优势是具有以民族文化为内涵的丰富的区域文化资源。西部地区幅员辽阔，民族众多，文化形态千姿百态，区域文化资源呈现的是多元共生的文化状况。借助于区域文化力，我们可以走出一条缩小与东部差距的文化发展新路。经济发展以庞大垄断称强，文化发展以多元互补为佳。多元文化相遇必然会互相影响、互相渗透进而创生出新质的文化。这种自然法则陶冶而生成的新质文化，本身就充满了现代性。这成为广西近 10 年来文化崛起的原动力。广西地域上以民族文化、历史文化、岭南文化、山水文化交织融合而成的具有独特内涵和风貌的区域文化，进入了作家、艺术家的心与魂，由此洋溢出个性与异彩，为文坛提供了一个个文化艺术精品。前面提到的《八桂大歌》《妈勒访天边》《大儒还乡》《周恩来》《长征》《我的父亲母亲》《一个也不能少》等剧目和影片，东西、鬼子、李冯等作家的文学作品等，是广西文艺家创作的最具有代表性的文艺精品。

2. 精神形态：在文化与经济的良性互动中深化人文精神

文艺家和文化学者提供文本化精神产品是职能本分，而不是自己责任的全部。文化工作者本质是民族精神的建设者、人格完善的锻造者和人性升华的推动者。依此，在当今建构中国社会主义市场经济、构建和谐社会的时代需求面前，文化工作者除了要在自己的本职工作中坚守人文精神外，更重要的是要在社会发展的

方方面面，填充人文精神，弘扬真善美的人性本原光辉。于是，文艺家和文化学者参与更广阔的文化空间，在更大范围和更高层面上实现坚守人文精神，就成为民族发展所需，社会进步所求。经济欠发达地区是在经济、法制、科教、文化等方面综合欠发达，文艺家和文化学者可以凭借区域文化优势和强劲的人文精神之力率先崛起，但若不以内在的人文精神之力填充周围的经济、政治、科技与教育，整个社会则难以大步前行，文化也难以长久独撑，持续发展。近10余年来，广西的文艺家和文化学者广泛参与为经济社会发展服务的各项实践，如文化产业项目策划、文化体制改革对策意见、文化政策制订、文化发展总体规划，等等，以人文精神融入其间，由此实现对经济社会发展的介入和推动。文艺家和文化学者将人文精神灌输于这些实践之中，打造了文化建设的宽度与厚度，为经济社会的发展提供了定力和动力。

3. 致用形态：将策划锲入文化发展之中，以创作、批评、策划并重构成经济欠发达地区文化发展的战略和策略

经济欠发达地区在经济和文化欠发达的具体区情下，必须加强策划之力，集中各方各类资源，方可加快发展，赶上发达地区。要策划发展的主攻方向；要策划文化资源的开发；要策划人力的运用；要策划资金的投放；要策划八方的策应；要策划第二、第三“战役”的跟进；等等。广西文化近10年来的崛起，策划之功，不可小觑。要点可以归纳为：(1) 盘点资源，文化参与。以自1997年以来连续几年组织多学科专家参与开展的对桂北文化、红水河文化、环北部湾文化、西江文化、花山文化、刘三姐文化的调查研究为典型内容；(2) 人才发掘、队伍组建。以签约作家和签约理论家制度的制订和实施为典型内容；(3) 全盘规划，确立发展重点。以创作上的文学突破、戏剧强省建设和理论批评上的文化研究为典型内容；(4) 文化介入，参与产业经营。以大型山水实景演出《印象·刘三姐》的产业经营，电影和电视剧摄制与发行，广西师范大学出

版社出版物的策划与出版发行等经营活动为代表。当然,在策划这一环节,领导的作用甚为关键。领导者的素质、能力和能量在其中往往起到决定性的作用。

三、发展先进文化对推动经济社会发展的实践意义

一是通过传播先进文化,推动社会和谐发展。优秀的文艺作品、学术著作和文化产品,在塑造人们的美善心灵、凝聚民族精神、营造和谐氛围等方面,为建设和谐社会奠定了良好的基础。近10年来,广西文艺家获得过全国“五个一工程”奖、鲁迅文学奖、国家舞台艺术精品工程十大精品剧目奖、全国文化产业创新奖、中国文联文艺评论奖等,这些获奖作品以及获广西社会科学优秀成果奖、广西文艺创作“铜鼓奖”的作品,就具有重大的社会作用。

二是以先进文化理念参与文化产业调研、策划和经营,推动文化产业快速发展。在这方面做出显著成效的是原广西壮剧团团长、国家一级编剧、剧作家梅帅元。《印象·刘三姐》是他策划的成功之作。该项目将世界级的桂林山水风光、世界级的《刘三姐》民族文化品牌、世界级的艺术大师张艺谋三者超强组合,在美丽的漓江河畔,倾力打造民族文化艺术精品,在全国文化产业界和中外游客中产生巨大的影响。2005年,《印象·刘三姐》连夺第三届中国十大演出盛事奖、首届文化部创新奖等奖项,并与桂林愚自乐园一道被文化部确定为国家文化产业示范基地。以《印象·刘三姐》为核心内容的桂林“刘三姐歌圩”还入选了中国文化产业十大经典案例。此外,广西师范大学出版社和接力出版社近10余年来的成功经营,也与先进文化理念的参与密不可分。

三是以先进文化思想参与党委和政府决策。近年来,广西文化专家参与广西“文化先进省(区)”“民族文化强区”建设的规划设计,参与多项事关经济社会发展的重大课题调研,其文化思想和

研究成果进入党委和政府决策,达到了对经济社会发展的直接推动。例如,一是由自治区党委文化先进省(区)建设领导小组组织30多名文化专家组成的文件起草小组对文化先进省(区)建设的6份重要文件的起草,广西文艺界的几位重要文艺评论家直接参与了起草工作。在一年多的时间里,文件起草小组对6份文件修改了30多稿,终于将关于文化先进省(区)建设的几份重要文件全部完稿,交自治区党委常委审议,它们构成了文化先进省(区)建设的完整蓝图。二是由文化学者完成的对《广西文化产业发展对策研究》和《广西文化体制改革对策研究》这两个重大课题的研究。前者是2004年广西壮族自治区党委和政府首次发布的事关广西经济社会发展全局的12项重大招投标课题中的一项。该课题于当年12月通过鉴定。后者是2004年广西哲学社会科学规划重大招投标课题,由广西师范大学、广西社会科学院和广西文联文艺理论家协会的专家们联合完成,2006年3月通过鉴定,12月结项。两个重大课题的研究成果进入自治区党委、政府的决策。

近10年来,广西文化的发展历程和文化成就,显示了广西的作家、艺术家和文化人创造的低地崛起、"蛙跳"突进的文化业绩,创造了一种文化可以超越经济率先发展的新模式。广西文化崛起在证明着:先进文化应当积极参与和引领经济社会发展,可以在文化经济时代做出自己的特殊贡献。这在经济欠发达地区,尤其具有重要意义。

参考文献

1. 本书编委会:《文艺桂军在崛起——广西文学艺术家十三年成果集》,广西人民出版社,2003年。

2. 容小宁:《广西文化发展新探索·2003》,广西人民出版社,2004年。

3. 李建平:《2005年广西蓝皮书:广西文化发展报告》,广西人民出版社,2005年。

4. 李建平:《2007年广西蓝皮书:广西文化发展报告》,广西人民出版社,2007年。

5. 王绍辉,李建平:《当代广西文艺与先进文化建设》,《经济与社会发展》,2004年第12期。

6. 颜小拉:《踏歌前行的广西文学》,《文艺报》,2006年10月28日。

7. 李建平:《"三连冠"彰显广西文化魅力》,《中国文化报》,2007年1月16日。

8. 李建平:《广西文化崛起的又一亮点》,《广西日报》,2006年12月21日。

强化文化软实力，促进文化大发展大繁荣和国家综合实力的提升

党的“十七大”报告规划了全面建设小康社会的宏伟蓝图，其中，把文化建设放在了十分突出的位置，提出了“推动社会主义文化大发展大繁荣”的战略任务，要求“兴起社会主义文化建设新高潮”。当前，广西迎来了北部湾经济区建设上升为国家战略的重大历史机遇，经济社会发展面临巨大变革。面对这种重大的战略布局和巨大的发展机遇，广大文化工作者承担着加速提升文化软实力、“推动社会主义文化大发展大繁荣”和提升国家综合实力的重要职责。

一、文化力越来越成为民族凝聚力和创造力的重要源泉、越来越成为综合国力竞争的重要因素

文化，是伴随着人类的诞生而出现的；文化力，是人类的本质力量的一种。我们说，人之所以能从动物界中脱离出来，正是在于人类在自身的发展中，创造了一种能克服外在的物质力量、战胜客观的伟大精神力量。这种精神力量，就是我们今天所说的文化力。

我们在这里所说的文化力，是国家综合实力系统中相对于经济力、政治力而言的，它是国家综合实力系统中的重要组成部分。在人类社会的长期发展过程中，文化力在国家经济与社会全面发展中主要表现为一种精神力和智力因素。它作为一种隐性的力，往往需要借助或者是转化为经济力和政治力才能发挥出来。我们

看到,文化力在今天的时代,已由过去的隐性力转化为显性力,已站到了人类发展动力源的前台。

从人类发展动力源的历史演变过程看,人类走过了由自然力、资金力到文化力推动自身前行的历程。人类社会的农业经济时代是依靠自然力发展的,而且是外在的自然力,如土地山林,气候,人力,畜力等;到了工业社会,社会的发展依然依靠自然力,一种内在的自然力,即能源,同时增加了技术力,人们依靠技术开采能源,如煤、石油等。谁占有了最大量的资源,谁就控制了权力;后工业社会,垄断已在世界完成,在依靠自然力、技术力的基础上,发展主要靠的是资金力,投资越大,生产规模就越大。20 世纪末,未来学家托夫勒的一本著作《权力的转移》传来中国,书中说到了人类社会的权力经历了由暴力到资本再到知识的转移过程。如今,世界正如托夫勒所描绘的,由资本权力时代进入了知识权力时代、文化权力时代。信息社会的发展靠文化力,靠智慧和创新。

在信息时代,资本的性质发生变化。全球能源研究中心主任雅玛尼预测,地球资源将在 70 年内枯竭。知识是所有生产者共同具有。这就打破了过去以暴力和强权垄断人类共有资源发展经济的经济增长模式,而形成了以知识创新为核心的新的经济增长模式。创新成为经营者所应具备的首要素质。正如托夫勒所说,这是一场革命,由工业革命到知识革命。

的确,新经济是一场无法回避的革命。革命前后的最大差别,就是信息价值将取代工业价值,在 GDP 中占据更大比重,成为 GDP 的“新主角”。中国的农业和工业占 GDP 的比重仍高,传统工业导向的滞后的投资结构制约着经济发展,还是技术力在统领着中国的经济营运,科学和文化,尚未走上前台。

过去我们谈论“科学技术是第一生产力”的时候,还是只重视了技术力,忽略了科学力、文化力。当今综合国力的竞争,集中体现在科学技术的竞争。科学是文化的重要组成部分。我们认为,可以在这句话之后加上:这种竞争,又是在基于文化实力的基础上的。正如乌克兰国家科学院院长巴顿先生所说:“21 世纪最重要的是社会科学,对人类自身发展问题的研究,才带有最根本性。”21 世纪经济的显著特点是自然科学、社会科学和人文科学的融合。文化力,实质就是一切科学的合力。

在人类跨入新世纪的今天,文化力已构成了人类新经济的重要成分。在当今世界政治多元化、经济全球化的形势下,国际势力间的军备竞赛、政治霸权的竞争,正在演变为文化霸权的竞争。文化力已成为衡量一个国家的综合实力强弱的标志之一。

因此,我们要坚持社会主义先进文化前进方向,兴起社会主义文化建设新高潮,激发全民族文化创造活力,提高国家文化软实力,使人民基本文化权益得到更好保障,使社会文化生活更加丰富多彩,使人民精神风貌更加昂扬向上。

二、强化文化软实力的建议与对策

今天,在一个国家、一个地区或是一个企业的经济发展中,文化对生产力发展的贡献率的大与小,将决定着这个国家、这个地区或这个企业发展水平的高与低,甚至生与死。这就是未来世界发展的趋势。

大力加强文化力建设,是我国迫在眉睫的经济和社会发展的大事,否则将会在信息时代的新经济进程中与发达国家拉开更大的距离。

为此,我认为要从以下几个方面强化文化软实力。

(一) 牢固树立文化立业的观念

我们认为,文化是精神财富,也是物质财富,具有社会和经济两种效应。在实践中,不能将两者分开。在新经济迅猛发展的今天,充分发掘文化参与经济和社会发展的作用力,使中国的经济朝着可持续性、高技术含量和充分人性化的方向发展，最终将中国建设成为富强民主文明的现代化国家，是我们迫切的任务。

目前，各级政府对发展文化力在经济建设和强化国家综合国力方面的重要性还缺乏足够的认识。我们的认识还是停留在过去，认为文化仅仅在思想引导和精神支柱上体现自身的社会价值。不少政府官员把文化等同于唱歌跳舞，满足于文化搭台、经贸唱戏，缺乏大文化的观念，更谈不上把文化产业作为新的经济增长点来抓。而今天，文化的价值已由精神裂变为物质，成为具有精神和物质两重属性的东西。只有树立文化立业的观念，尤其是要把文化产业提升到新的经济增长点来整体认知，才有利于文化力的整体协调发展。

（二）高度重视哲学社会科学事业的发展，为全社会提供智力支撑，发挥思想库作用

1. 文化力中最重要的是思想力、创造力。哲学社会科学在其间发挥重要作用。文化创新需要哲学社会科学的基本理论和科学方法作支撑，社会实践中的文化创新也得在哲学社会科学的研究过程中升华，才能成为稳定的强大的文化力。

2. 增强哲学社会科学力量，包括人才建设、资金、政策、管理体制等方面的强化，促进广西哲学社会科学实力的提升，以适应十七大提出的新要求、新任务。

（三）集中力量研究和建设社会主义核心价值体系，建设和谐文化

1. 动员高级社科学者研究社会主义核心价值体系的理论，包括基本理论、核心内容、具体形态、作用与意义；研究和谐文化建设的相关理论。

2. 制订社会主义核心价值体系的传播途径、方式、方法，包括宣讲学习、新闻出版、广播电视、文艺创作、群众文化、学校教育、道德风俗，等等，并检验其作用和成效。把建设社会主义核心价值体

系和建设和谐文化有机结合起来。

(四) 建立文化产业机制,大力发展文化产业

当前,强化文化力建设最直接与最具体的工作是发展文化产业,壮大文化生产力。

文化产业本身蕴含着巨大的经济价值。大力发展文化产业是新经济进程中关乎生存的问题。目前在西方发达国家,文化产业创造了一系列工业化时代意想不到的奇迹:如旅游业成了世界第一大产业;图书报刊出版业成了一些国家的支柱产业;美国的影视产品的出口值超过了航天工业产值;体育经济收入在美国超过了石油工业的证券交易所的收入。

经过多年的发展,中国的文化产业已形成年产值几千亿的产业规模,文化产业已具有国民经济新增长点的基础作用。中国的文化产业呈快速发展的态势。

但是,应当看到,中国的文化产业还明显地发育不足。一是现有的文化产业数量少,产值低;二是地区发展不均衡,东部地区占到文化产业增加值的70%以上,西部地区却发展迟缓;三是条块分割、多头管理造成了政府宏观调控的局部真空。目前文化产业几大板块是在计划体制和市场竞争的结合部发展起来的,如近年来蓬勃发展的报业经济,由新闻出版部门进行行业管理,而报业经济的咽喉部位——广告业,则由工商部门管理,1998年起,全国工商部门实行垂直管理,政府职能划归国家经贸委。由于省级政府机构改革的延后,形成广告业两年多政府宏观职能的真空。多年来,广告业的发展状况无法纳入文化产业中进行调研。

我们的建议是:把文化产业作为国民经济新的增长点,纳入“十二五”规划的大盘子里面,形成全社会大力发展文化产业的整体认知,建立健全文化产业发展机制,加快文化产业的发展。

(五) 整理文化遗产,发掘文化优势

中国是有着5000年文明史的文化古国,文化历史悠久,文化

资源深厚。整理文化遗产，发掘文化优势是壮大文化力的必由之路。我国政府已加入了以下保护世界文化遗产的国际公约：《关于禁止和防止非法进出口文化财产和非法转让其所有权的方法的公约》《保护世界文化和自然遗产公约》《国际统一私法协会关于被盗或者非法出口文物的公约》，其中规定，有 100 年以上历史的文化遗迹就属于应当被保护的世界文化财产。中国在这方面占有绝大的优势。

云南丽江的发展是一个极好的例子。丽江的开发只是从 20 世纪 90 年代开始的，1994 年还遇到了大地震，然而，丽江发展之快，令人震惊。丽江的基本经验，就是紧紧抓住向联合国教科文组织申报丽江为世界文化遗产这项核心工作，扩张丽江的文化含量，发掘出极具魅力的自然和人文资源。1997 年 12 月 3 日，联合国教科文组织世界文化遗产委员会一致通过，将丽江古城列入《世界遗产名录》。丽江古城是中国第一座以整座城市的形式入选世界文化遗产的历史文化名城，也是全国 99 个历史文化名城中，第一个被列入世界文化遗产的。丽江由此得到了极快发展。1997 年，有 79 万人到丽江旅游，1999 年，仅 1—9 月旅游人数就达到了 209 万人。2005 年，丽江旅游收入达到了 29 亿元。

（六）着力文化教育，提高国民文化科技素质

文化力竞争实质就是知识的竞争，信息的竞争，人才的竞争。这是我们必须加快教育普及，尽快提高国民的文化科技素质的最根本的原因。

第一，要继续加大对教育的投资。即使像美国这样的发达国家，仍在保持较大比例的教育投入。在美国，从 1997 年起，政府每年拨款 510 亿美元实施全国人才与智力开发的“四个必须教育计划”，即国民 8 岁以上必须人人会读书，12 岁以上必须人人会上互联网，18 岁以上必须人人能读大学，成年人必须达到终身教育。我国是教育程度较低的发展中国家，教育经费多年来在 GDP 中占

有的比率一直处于较低的水平。这种状况应当尽快改变。

第二,调整教育结构。要在继续开展扫除文盲,普及九年制义务教育的同时,加快高等教育的大众化进程。信息时代需要的是高素质的人才,文化力的竞争是高素质人才的竞争,这里,普及教育只能培养出适应型人才,高等教育才能培养出创造型人才。因此,我们应当改变原有的教育发展思路,在不放松普及教育的同时,将教育工作的重点向高等教育倾斜,加大对高等教育的投入力度,尽快提高人均大学在校人数。多出高素质人才。

第三,充分利用信息技术,加快教育步伐。互联网的出现,为贫穷和落后的不发达地区消除区位劣势带来了机遇。可以说,互联网的利用,在不发达地区更为重要。正如世界银行前行长沃尔芬森所说,对于世界上最贫穷的人来说,互联网同住房和清洁的饮水一样重要。他说,生活在贫穷社区内的人们想要得到一个学习和发展他们自己的机会,现在没有什么能够比互联网更能有效地传递和获取知识。因而,要积极创造条件发展以信息技术为依托的"开放式大学",包括电视教育、远程教育、网络教育、虚拟大学等,最大限度地开发知识获取渠道,迅速强化自己的知识发展能力。

综上所述,我们要深刻理解我们所处的时代,把握先进文化的前进方向,在发挥出文化本身的精神力的同时,发掘出文化中蕴含着的巨大的物质力,树立起文化立业的观念,使我国的文化软实力有一个快速的提升,以有效促进文化大发展大繁荣。

加强文化建设，增强发展软实力的战略措施

当今时代，文化软实力构成国家综合实力的重要部分。党的“十七大”报告提出了“提高国家文化软实力”这样一个新命题。广西在“十二五”时期要实现快速发展，提升文化软实力成为题中应有之义。经济的发展需要相应的人文环境、文化成果和高素质人才作支撑，提升文化软实力已经成为当今时代经济社会持续快速发展的重要推进器和推动力。

一、增强发展软实力，必须继续解放思想，高度重视文化在当今时代的重要性和重要价值

软实力这一概念是20世纪80年代末美国哈佛大学教授约瑟夫·奈提出的。他认为文化软实力与有形的军事力量和经济力量即硬实力不同，软实力“常常与一些无形资产联系在一起，比如，富有魅力的人格、文化、政治价值观和惯例，以及具有合法性和道德权威的政策等”。随着综合国力竞争日趋激烈，国际形势的发展变化，软实力这一特定概念逐步演变为学术界普遍接受的中性概念。目前普遍认为软实力就是基于经济、军事硬实力基础上的文化软实力。

其实，将文化称为软实力，只是一种比喻，并非科学定义。我认为，在一定条件下，文化同样是硬实力。依据有三点：一是本质。文化其本质就是一种改造自然的能力并随之积累的知识体系。它是伴随着人类的诞生而出现的，从而构成了人类的本质力量的一

种。我们说,人,之所以能从动物界中脱离出来,正是在于人类在自身的发展中,创造了一种克服外在的物质力量的能动能力,一种精神力量,就是我们今天所说的文化力,人类的本质力量,其本质绝非是“软性”的。二是能量。关于文化力,一般是与政治力(军事力)、经济力相对应而言的,我认为,文化力具体包括精神力、创造力、艺术力和产业力,其间所容纳的能量极其巨大,不是一个“软”字所能代表。比如精神力中的哲学、宗教,可以影响一国或世界几百年,上千年。三是实力。20 世纪下半叶文化产业在全球的崛起,让人们感受到文化的强大实力,这是可以量化的实力。文化确实正在变为实实在在的资产。一幅画可以卖到几千万美元。英国伦敦佳士得拍卖行 2010 年 9 月 4 日以 1.064 亿美元拍出西班牙艺术大师毕加索的画作《裸体、绿叶和半身像》。这一成交价刷新世界艺术品拍卖价格最高纪录。在这之前,拍卖价格最高的毕加索作品为《拿着烟斗的男孩》。那幅画作 2004 年在美国纽约以 1.042 亿美元的价格拍出。我国画家齐白石的作品《菊花鸽子》2009 年拍出了 3416 万元。根据对来自全国 200 余家拍卖机构的交易数据的采集,2009 年,中国近现代书画拍卖总额约为 59 亿元。目前美国的文化产业成为仅次于军工产业的第二大产业。在日本,文化产业是第三大产业。所以,对文化的认识,不能只有唱唱跳跳的艺术概念,要有更多的形成精神力和产业力的概念,要把握它的硬实力属性。

我们还要清楚地看到文化力的巨大作用。一是提振精神动力,包括思想境界、信念信仰、智慧学识、舆论氛围等。它提供良好的发展环境。二是增强经济实力,文化产业能直接提高 GDP 增长数量。三是优化经济增长方式和促进产业转型,改进经济社会发展模式。四是提升国民的素质和劳动力技能,促进人的全面发展。总之,文化建设是科学发展观中不可或缺的内容,要把文化建设纳入到“十二五”的战略规划布局中,充分发挥文化软实力的作用。

二、增强发展软实力，必须大力打造社会主义核心价值体系，建设社会主义和谐文化，提高公民素质

党委政府要引导高级社科学者积极研究社会主义核心价值体系的理论，包括基本理论、核心内容、具体形态、作用与意义，研究和谐文化建设的相关理论，特别是与时代发展趋势和广西区情相关的内容和形式，制订传播社会主义核心价值体系的途径、方式、方法，包括宣讲学习、新闻出版、广播电视、文艺创作、群众文化、学校教育、道德风俗，等等，检验其作用和成效。把建设社会主义核心价值体系和建设和谐文化有机结合起来，传播开去，使其在整个社会形成和谐文化氛围，成为广大人民群众生活的有机组成部分，成为我们国家和广西社会生态的核心成分和主导氛围，发挥出民族凝聚力的作用。

三、增强发展软实力，必须大力发展哲学社会科学事业，充分发挥其决策咨询作用

文化研究和社会实践表明，文化力中最重要的是思想力、创造力。哲学社会科学在其间发挥着重要作用。文化创新需要哲学社会科学的基本理论和科学方法作支撑，社会实践中的文化创新也要在哲学社会科学的研究过程中升华，才能成为稳定的强大的文化力。哲学社会科学力量作为社会发展的智库，能够在党委、政府决策过程中发挥重要的参考作用。因此，增强广西哲学社会科学力量，包括增加发展资金、完善基础设施、重视人才建设，改进政策和管理体制等，是全面促进广西哲学社会科学实力提升的举措。

四、增强发展软实力，必须大力发展文化产业，提供人民需要的文化产品，增强文化竞争力

当今时代，文化力既是精神力，也是物质力。文化产业在发达国家已成为经济领域里的重要产业，在我国，北京、上海、广东、山东、江苏、云南、湖南的文化产业增加值已占到地区 GDP 的 5% 以上，产值巨大，成为支柱产业。广西是欠发达地区，更应借助文化力对经济发展的牵引。

我们认为，大力发展文化产业，需要做到：

1. 建立集中统一的文化产业管理机构，加快推进文化产业振兴规划

目前，广西文化产业的管理体制比较混乱，产业体系尚未建立。相关文化产业分属于文化、广电、新闻出版、旅游、广西日报社等厅局，没有自治区级别的统一管理实体。建议自治区政府成立文化产业发展委员会，统一规划、管理和协调现隶属于文化厅、新闻出版局、出版总社、广播电影电视局、广西日报、文联、旅游局、科技厅、体育局、教育局、工商局等部门的各类文化产业，形成规范、系统的第三产业中的一个产业门类，纳入“十二五”规划中实施，并及时做好年度数据统计；尽快制定广西文化产业振兴规划和“十二五”时期广西文化产业发展规划；拟定文化发展的项目政策、投资政策、产业组织政策、技术政策、公共文化消费政策、市场准入政策等。整体推进广西文化产业发展。

2. 大幅增加对文化产业的投资和建设

文化产业既然是产业，同样需要投资的推动，凭借大投入达到大产出是重要举措之一。文化产业是产出效益好的产业，加大投入，有利于广西 GDP 总量的提升。据 2010 年 5 月 14 日在深圳举

行的第六届文博会权威信息发布会国家统计局发布的最新资料显示,2004 年—2008 年,中国文化产业增加值年平均现价增长速度达 22% ,大大超过 GDP 的增速。经过多年的投入和发展,广西形成了一定规模和数量的文化资产,文化产业正在成为“产业”,而不仅仅是“文化”。只要我们进一步加大投入,像办旅游、建高速公路那样将文化产业作为广西经济的新增长点去培植和促进,文化产业不仅可以在 2020 年而且有望在“十二五”末达到或接近千亿元,占广西 GDP 4.5% ~5% 的目标,成为广西经济发展的支柱产业。

投资当然不光是要政府一方加大对国有文化企业和重大文化产业项目的投入,还要积极引导民营和外资文化企业资金投入,银行信贷放宽对文化企业的限制和金融支持资金,推动大型文化企业上市面向社会集资等。

3. 以发展大型国有文化企业和建设重点项目为突破口

广西的文化产业面临着巨大的挑战,大型成熟的文化企业不多,因此,必须以发展大型国有文化企业和建设重点项目为突破口,扩大产业规模和效益。

以往几年,我们组建了广西新华书店集团、接力出版集团、广西出版集团、广西日报报业集团、广西师范大学出版集团等大型文化企业,并对广西电影制片厂进行改制,取得一定成效。目前,应该进一步推进文化产业的发展。我们可以以文化体制改革意愿迫切、文化生产力活跃度高的广西文化厅所掌控的资源组建广西文化投资集团公司和演艺公司,将财政支出的文化事业建设费以及财政对文化产业方面的投资集中使用,经过一定的扶持和培育,使广西文化投资集团公司成为广西大型国企的一支重要力量。同时,以广西电视台、广播电台、网络公司为基础组建广西影视传媒(集团)有限公司、以广西民族印刷厂为基础组建广西印务(集团)有限公司等,用几年时间,建设五六个百亿元、两三个双百亿元大型文化企业，使其在促进文化产业成为广西经济社会发展的支柱产业中发挥重大作用。

4. 积极扶植民营和外资文化企业，帮助其做大做强

广西民营文化产业有一定基础和规模，有发展文化产业的积极性，要从政策、税收、金融贷款、市场准入、出口贸易等多方面帮助它们更快更好地发展，使其成为发展广西文化产业的重要生力军。

5. 创新经济发展模式，打造文化经济新形态

文化产业的分类有多种，目前较多依据国家统计局的核心层、外围层、相关层划分法。我在研究中多以另外一种三分法考察，是将文化产业分为三类，第一类是文化资源展示和初级开发类，包括文化旅游、博物馆、戏曲演出、体育表演、工艺品制造和销售、艺术品和文物交易与拍卖、复制印刷、游戏网吧经营、会展等；第二类是传统型创意产业类，包括工艺品设计、广告、电影、电视广播、音乐与舞台艺术表演、书报出版、版权贸易等；第三类是科技型创意产业类，包括动漫设计和制作、游戏和休闲软件、移动电视、网络和手机广播影视运营、电子书、数字出版等。广西文化产业大体属于第一和第二类，有较高科技含量和充分创意的第三类文化产业才刚刚起步。因此，我们需要加快发展“创意产业”。创意产业的根本观念是通过“越界”促成不同行业、不同领域的重组与合作。这种越界主要是打破二、三产业的原有界限，重点包括基于三网融合和三屏合一的数字内容产业、新媒体产业等，通过越界，寻找提升第二产业，融合二、三产业的新的增长点，使二产三产化、创意化、高端化、增值服务化，从而推动第二产业的升级调整和文化与经济的融合与发展。同时，增强传统产业的文化附加值，并为传统产业打造面向国际市场的文化核心竞争力。

五、增强发展软实力，必须进一步发掘人力资源，加快各类文化人才的培养

增强文化软实力，人才的作用尤其重要。

1. 要牢固树立尊重人才、尊重创造、尊重文化、尊重知识产权的观念

对待人才，要做到：科技人才与文化人才一个样；创意人才与经营人才一个样；外地人才与本土人才一个样。紧密围绕培养人才、吸引人才、用好人才三个环节，用事业造就人才、用环境凝聚人才、用机制激励人才、用法律保护人才。

2. 制订文化人才资源开发规划，实施引进和激励人才的优惠政策

允许个人以其拥有的文化品牌、创造成果、科技成果和管理经验等作价入股；要采取科学合理的办法，重奖贡献突出的文化工作者。

3. 加大人才培养和引进力度

一方面积极引进区外的文化产业创意人才和管理人才，通过各项政策和激励措施吸引区外人才来桂创业和本地人才脱颖而出；另一方面以高校为重点创建文化产业人才培训基地，加强本土人才的培养，推动人才加快成长。

4. 要运用市场机制合理配置人才资源，优化人才结构

要善于做好现有人力资源和智力要素在产业领域里的合理布局，引导优秀人才向文化创意产业、重点文化产业项目和高效益高收入领域转移，使其在文化产业各个领域里实现创业成功。

建设一支强大的文化人才队伍，必将造成广西文化产业的创业旋风和文化建设高潮，广西文化产业和文化建设将一展新貌。

涉及“十二五”发展的文化问题还很多，如公共文化服务体系建设及其服务均等化问题、文化体制改革问题、文化产品精品化建设问题、文化“走出去”问题，等等，这有待以后进一步研究。

继续解放思想，提升文化软实力

党的“十七大”报告规划了全面建设小康社会宏伟蓝图，其中，把文化建设放在了十分突出的位置，提出了“推动社会主义文化大发展大繁荣”的战略任务，要求“兴起社会主义文化建设新高潮”。当前，广西迎来了北部湾经济区建设上升为国家战略的重大历史机遇，经济社会发展面临着巨大变革。面对这种重大的战略布局和巨大的发展机遇，广大文化工作者承担着加速提升文化软实力、“推动社会主义文化大发展大繁荣”的重要职责。因此，我们必须继续解放思想，扫除一切阻碍文化事业发展的思想障碍和陈规旧习，着力提升文化软实力，以文化力推动广西经济社会快速发展。

正如“十七大”报告所说，当今时代，文化越来越成为民族凝聚力和创造力的重要源泉、越来越成为综合国力竞争的重要因素，丰富精神文化生活越来越成为我国人民的热切愿望。时代和人民要求我们进一步坚持社会主义先进文化前进方向，兴起社会主义文化建设新高潮，激发全民族文化创造活力，提升国家文化软实力。

提升文化软实力，必须大力打造社会主义核心价值体系，建设社会主义和谐文化。

文化工作者尤其是有关专家学者要积极研究社会主义核心价值体系的理论，包括基本理论、核心内容、具体形态、作用与意义，研究和谐文化建设的相关理论，特别是与时代发展趋势和广西区情相吻合的有关内容和形式。党委和政府要制订传播社会主义核心价值体系的途径、方式、方法，包括宣讲学习、新闻出版、广播电视、文艺创作、群众文化、学校教育、道德风俗，等等，并检验其作用和成效。把建设社会主义核心价值体系和建设和谐文化有机结合起来,传播开去,使其成为广大人民群众生活的有机组成部分,成为我们国家社会生态的核心成分和主导氛围,发挥出民族凝聚力的作用。

提升文化软实力,必须高度重视哲学社会科学事业的发展。

文化研究和社会实践表明,文化力是一个国家和民族发展的最重要的思想力、创造力。哲学社会科学在其间发挥重要作用。文化创新需要哲学社会科学的基本理论和科学方法作支撑,社会实践中的文化创新也得在哲学社会科学的研究过程中升华,才能成为稳定和强大的文化力。因此,广大社会科学工作者必须进一步解放思想,把智慧和精力投入经济社会发展的大变革、大进程之中,促进广西哲学社会科学实力的提升,使其更好地适应十七大提出的新要求新任务,为广西的经济腾飞和社会进步服务;发挥出思想库作用,为全社会提供智力支撑和创造动力。

提升文化软实力,必须积极推动文化与经济的良性互动,在经济社会发展的实践中深化人文精神,提高整个中华民族的文化素质和精神品格。

传统的文化传播过程中,作家、文艺评论家和社会科学专家为社会提供的精神产品基本上是属于文本型的,即以作品和专著为主。这当然是重要的成果,是职能本分,但这并不是文化工作者和社会科学工作者的社会责任的全部。文化工作者本质是民族精神的建设者、人格完善的锻造者和人性升华的推动者。依此,在当今发展中国特色社会主义市场经济、构建和谐社会的时代需求面前,文化工作者除了要在自己的本职工作中坚守人文精神外,更重要的是要在社会发展的方方面面,填充人文精神,弘扬真善美的人性本原光辉。于是,文艺家和文化学者参与更广阔的文化空间,在更大范围和更高层面上实现坚守人文精神就成为民族发展所需,社会进步所求。广西是经济欠发达地区,欠发达是经济、法制、科教、文化等方面综合欠发达，文艺家和文化学者可以凭借区域文化优势和强劲的人文精神之力使文化率先崛起，但若不以内在的人文精神之力填充周围的经济、政治、科技与教育，整个社会则难以大步前行，文化也难以长久独撑、持续发展。

当前，广西以北部湾经济区建设为龙头的大开发、大开放、大发展的进程轰轰烈烈，正迫切需要作家、文艺评论家和社会科学专家广泛参与到为经济社会发展服务的各项实践中，如反映广西大变革大发展等重大题材的文艺创作、文化产业项目策划、文化政策制定、文化发展总体的规划、文化经济的打造，等等，以人文精神融入经济建设和社会建设之中，改变旧的经济增长方式，改变不适应时代的旧的工作方式和生活风俗，由此实现对经济社会发展的介入和推动。文化工作者和社会科学专家将人文精神灌输到这些实践之中，既可以打造文化建设的宽度与厚度，也可以为经济社会的发展提供定力和动力，并由此构成了对一个区域和一个国家、一个民族的文化软实力的提升。

第二章

以文化软实力促进经济社会发展

提升文化软实力促进广西“十二五”时期经济社会发展对策研究[①]

党的十七届六中全会作出的《中共中央关于深化文化体制改革推动社会主义文化大发展大繁荣若干重大问题的决定》指出：“当今世界正处在大发展大变革大调整时期，世界多极化、经济全球化深入发展，科学技术日新月异，各种思想文化交流交融交锋更加频繁，文化在综合国力竞争中的地位和作用更加凸显，维护国家文化安全任务更加艰巨，增强国家文化软实力、中华文化国际影响力要求更加紧迫。当代中国进入了全面建设小康社会的关键时期和深化改革开放、加快转变经济发展方式的攻坚时期，文化越来越成为民族凝聚力和创造力的重要源泉、越来越成为综合国力竞争的重要因素、越来越成为经济社会发展的重要支撑，丰富精神文化生活越来越成为我国人民的热切愿望。”这是对提升文化软实力的重要性和迫切性做出的高度概括。贯彻党的十七届六中全会精神，大力发展文化事业和文化产业，提升文化软实力，对于尽快促进广西经济发展方式的转变，促进广西“十二五”时期经济社会的跨越式发展，对营造祖国南疆少数民族地区和谐稳定的社会生态，实现富民强桂新跨越的目标，具有尤为重要的意义。

本课题组在学习贯彻党的十七届六中全会精神的基础上，从阐释文化软实力的定义入手，结合“十五”“十一五”时期广西经济发展的实际，探讨广西文化软实力的现状和存在的不足，探索提升

---

① 本文为广西社会科学院2011年重点课题。课题主持人：李建平，负责课题设计、部分撰稿和全文统稿。课题组成员：覃振锋、过竹、王绍辉、李燕宁、黄璐，负责调研和部分撰稿。

文化软实力的思路和以文化软实力推动广西经济社会快速发展的对策意见，以达到充分发挥文化软实力作用，从而更好地为广西实现“富民强桂”新跨越目标服务。

一、文化软实力的定义及其构成

（一）文化软实力的定义

1. 文化软实力概念的由来

文化软实力概念是与西方软实力理论和中国文化力理论紧密相关的。软实力（或译为软力量、软权力、软国力）理论最早由美国学者约瑟夫·奈在1990年出版的《注定领导：美国权力性质的变迁》一书中提出。20世纪90年代冷战结束后，软实力理论进入美国学界的主流话语，成为西方国际关系理论之一。在软实力理论中，约瑟夫·奈视文化为一国软实力的重要源泉。他指出，国家软力量主要来自三种资源：“文化（在能对他国产生吸引力的地方起作用）、政治价值观（当它在海内外都能真正实践哲学价值时）及外交政策（当政策被视为具有合法性及道德威信时）。”①较早将软实力理论介绍到中国的是王沪宁。他认为：“把文化看作一种软权力，是当今国际政治中的崭新概念，人们已经把政治体系、民族士气、民族文化、经济体制、历史发展、科学技术、意识形态等因素看作是构成国家权力的属性。”②

在文化软实力概念提出之前，中国学者提出了“文化力”的概念。关于“文化力”这个概念及其研究，国内较早涉及的是贾春峰。他在1995年出版的《文化力》一书中指出，在21世纪经济格

---

① ［美］约瑟夫·奈：《软力量：世界政坛成功之道》，吴晓辉，钱程译，东方出版社，2005年。

② 王沪宁：《作为国家实力的文化：软权力》，《复旦学报（社会科学版）》，1993年第3期。

局中,很大程度上取决于"文化力"的较量①。他认为"文化力"包含四方面的内容:一是智力因素,包括教育和科技在内;二是精神力量,包括理想、道德、信仰、价值观、精神等;三是文化网络;四是传统文化②。

在借鉴西方软实力理论和中国文化力理论的过程中,中国学术界2004年开始较系统地研究文化软实力,国家文化软实力不仅成为学界关注的重点,而且还得到中央决策层的支持。2006年11月10日,胡锦涛同志在第八次文代会、第七次作家代表大会上的讲话指出"创造民族文化的新辉煌,增强我国文化的国际竞争力,提升国家软实力,是摆在我们面前的一个重大课题"。③ 2007年10月15日,胡锦涛同志在党的"十七大"报告中明确提出,"要坚持社会主义先进文化的前进方向,兴起社会主义文化建设新高潮,激发全民族文化创造活力,提高国家文化软实力"。④

那么,什么是文化软实力呢?按照约瑟夫·奈的软实力理论,文化是一国软实力的重要源泉,是软实力的一个资源要素。但他对文化软实力的含义并没有给予明确的界定。"十七大"报告正式提出文化软实力的重要命题后,中国学者在各自理解的基础上给"文化软实力"下过不少定义。综合起来,具有代表性的定义有以下5种:

第一种观点,文化软实力是文化的综合影响力。韩振峰认为,如果我们把文化理解为人类一切精神活动及其结果的总和的话,那么文化软实力这个概念既包括政治、外交、意识形态、价值体系,又包括哲学、法律、语言、宗教、艺术,等等,所有这些东西所产生的

---

① 贾春峰:《文化力》,人民出版社,1995年。

② 贾春峰:《"文化力"论》,《东岳论丛》,1998年第6期。

③ 胡锦涛:《在中国文联第八次全国代表大会、中国作协第七次全国代表大会上的讲话》,《光明日报》,2006年11月11日。

④ 《十七大报告辅导读本》,人民出版社,2007年。

综合影响力，就构成一个国家的“文化软实力”①。

第二种观点，文化软实力是国家和地区综合实力的重要组成部分，是综合国力中的文化、精神力量。有英认为：“文化软实力是国家实力中以思想观念及附着于相关文化产品中的文化精神为主要内容，能够对国家经济、政治与社会发展进步起到推动性作用的非物质性力量。”②

第三种观点，文化软实力是软实力的分支，是软实力的重要组成部分。朱建婷等认为，文化软实力作为一个国家软实力的组成部分，是指该种文化对内体现出来的自身不断发展的创新能力及其对本民族内部成员的吸引力与影响力，对外则体现在本民族文化对世界文化发展潮流的导向与推动能力，也体现在外部世界对该民族文化的赞赏和认可程度，等等③。

第四种观点，文化软实力概念是文化力和软实力概念的延伸。贾海涛认为：“在中国，文化力和软实力两个概念是同时流行的。文化软实力概念虽然出自约瑟夫·奈的软权力概念，但已经与之渐行渐远，朝着中国化的方向发展”“文化软实力理论应该是以文化力理论（基本上属于中国人自创的理论）为主，结合软实力理论（属于西方权力理论）而形成的更为完善的具有中国特色的新的理论。在概念上，文化软实力也基本上是文化力与软实力两个概念的内涵的相加。”④

第五种观点，从资源的角度来定义文化软实力。贾磊磊认为“我们所强调的国家文化软实力，主要是指那些在社会文化领域

① 韩振峰：《提高国家文化软实力的十大举措》，《中国改革报》，2008年4月2日。

② 有英：《中国文化软实力建设评述》，《求是》，2008年第2期。

③ 朱建婷，张晓红：《从对外传播视角解读提高国家文化软实力》，《河北师范大学学报（哲学社会科学版）》，2008年第3期。

④ 贾海涛：《文化软实力：概念考辨与理论探源》，《红旗文稿》，2008年第3期。

中具有精神的感召力、社会的凝聚力、市场的吸引力、思想的影响力与心理驱动力的文化资源。”①

由此看来，中国学界对于文化软实力概念的界定仍未达成一致。如果把国家实力分为硬实力和软实力两个方面，那么前三种意见实际上可以归为一类，即文化软实力属于一国综合国力中的软实力，是软实力中文化的力量。根据本课题设计大纲，我们认同这一归类。

2. 文化软实力是国家综合实力的组成部分

对于我们来说，今天所强调的国家文化软实力，由于不尽相同的话语体系与社会政治背景，与约瑟夫·奈的“软实力”理论并不完全一致。我们所强调的国家文化软实力，主要是指那些在社会文化领域中具有精神的感召力、社会的凝聚力、市场的吸引力、思想的影响力与心理驱动力的文化资源。我们的着眼点是落在文化的基本层面上，我们更加注重的是主流文化自身的积极建构，是文化产业与文化事业的繁荣与发展，而不是把文化仅仅作为一种实现经济发展与外交目的的次等手段来对待。

改革开放30多年的实践表明，文化软实力是综合国力和国际竞争力的重要组成部分，发展文化产业是增强文化软实力的重要途径。我国要在激烈的国际竞争中赢得主动，就必须在壮大经济实力、科技实力和加强国防力量的同时，使国家文化软实力有一个大的提高。而大力发展文化产业，是在市场经济条件下增强文化软实力的重要途径。现实却恰恰向我们昭示了这样一个事实：即相对于经济的迅速发展，我们文化的发展速度已经大大落后，特别是文化自身的凝聚力、吸引力和影响力根本无法与经济增长的实力相媲美。在经济领域，我们看到中国的贸易顺差带来了巨额的物质收益，大量的“中国制造”远销海外；而在文化领域，现在却出

---

① 贾磊磊：《国家文化软实力的主要构成》，《光明日报》，2007年12月7日。

现了明显的交流逆差。相对于海外进口文化作品的不断涌入，我们输出的文化产品并不能够与我们的经济地位相适应。德国总理默克尔说过，一个仅靠出口电视机的大国而没有电视剧出口的国家是不可能成为世界强国的。

提升国家文化软实力的确是迫在眉睫。任何文化精神的传播都必须要找到相应的媒介形式才能够真正实现——不论这种媒介是书刊杂志、网络影像，还是舞台表演，总而言之，文化软实力必须借助于特定的媒体形式才能够进行有效的传播，单纯的文化理念并不能直接地转变成文化的软实力。而大力发展文化产业，包括大力发展媒介在内的文化产业，正是要通过“生产”出丰富、高质量的文化产品，将我们的文化精神传播到世界，将我们的文化魅力展现于世界。

3. 文化既是软实力又是硬实力

通俗地说，硬实力就是指看得见、摸得着的物质力量。一个国家的人口、领土、自然资源、经济实力、军事实力、科技实力等强制性、支配性能力自然而然地作为硬实力的构成要素而存在。那么，在某种意义上可以说，硬实力就是软实力有形的载体，软实力是硬实力无形的延伸。硬实力是对构成综合国力各个组成方面的物质力量的统称，而软实力则是能够统领硬实力、使其发挥特定功能的价值观念和意识形态等影响力、吸引力、同化力的统称。“在当前经济全球化浪潮、信息革命和网络时代的大潮下，硬实力的重要性显而易见。软实力则具有超强的扩张性和传导性，超越时空，对人类的生活方式和行为准则产生巨大的影响。”①越来越多的人们认识到：“技术、教育和经济增长因素在国际权力中的作用越来越重

① 阮宗泽：《软实力与硬实力》，《人民日报》，2004 年 2 月 13 日。

要，而地理、人口和原材料则变得越来越不重要了。”①

国家软实力在本质上是一些具有指导性意义的价值观念和意识形态因素，毫无疑问，其核心是价值观。只要稍作留心观察，我们就可以发现，当今世界软实力的竞争实质上是文化领域内价值观的竞争。美国的好莱坞影片、法国的“文化外交”、韩国的《大长今》、德国的歌德学院、英国的“创意英国”活动及名目繁多的教育交流项目等无一不是以价值观为主导的文化交融与交锋。而且随着各个国家与地区对软实力的理解和认识程度的日渐深入，国家之间、地区之间的文化交流必然更加繁盛。在全球经济一体化、文化经济一体化、文化产业成为后金融危机时代经济增长的新生点和产业调整的新杠杆的今天，文化担当了时代的新使命，以新的文化能量在世界发展格局中充当了越来越重要的角色，具有越来越多的“硬”要素，就这个意义而言，可以认为，文化，它既是软实力又是硬实力。

（二）文化软实力的构成和作用

1. 文化软实力的构成

文化软实力的构成来自于以下 6 个方面：

一是在政治文化领域体现国家根本利益的社会主义核心价值体系，这是由我们国家的性质所决定的。其中包括以爱国主义为核心的民族精神和以改革创新为核心的时代精神，这是形成全民族奋发向上的精神力量和团结和睦的精神纽带，是国家文化软实力的关键组成部分。

二是在传统文化领域代表中国文化核心价值观的思想体系，其中包括“和谐”“仁爱”“自然”这些集中体现着个人、家庭、国家乃至人类社会终极理想的文化价值观，它们既是建构社会主义核

---

① ［美］约瑟夫·奈：《硬权力与软权力》，门洪华译，北京大学出版社，2005 年，第99 页。

心价值体系的重要文化资源，也是推进中华文化不断发展、扩大中国文化国际影响的精神力量。

三是在公共文化领域引领行业发展、体现国家指导方针的一系列政策、法规、质量体系与评价标准。如“百花齐放、百家争鸣”这样的纲领性的文艺政策，它不仅是体现国家主流意识形态的宏观指导方针，也是符合艺术普遍规律的具体创作原则，它对于推动文化艺术的发展、促进艺术创作的繁荣具有重大的推进作用。

四是在主流文化领域体现主流意识形态，表现国家、民族形象的艺术作品。比如表现我国重大革命历史题材与重大现实题材的电影、电视剧、舞台艺术及美术、音乐作品，像影片《鸦片战争》《生死抉择》《惊涛骇浪》《太行山上》，电视剧《长征》《西藏风云》《士兵突击》《亮剑》，大型音乐舞蹈史诗《东方红》《长征组歌》，歌剧《江姐》《洪湖赤卫队》，交响乐《红旗颂》……这些作品中体现的爱国主义的精神信仰与民族情感是感化、陶冶、激励受众的一种重要的文化力量。包括那些具有深刻的现实意义与个性化审美价值的艺术作品，也都能够体现当代国家的文化影响力。

五是在流行文化领域具有普遍社会反响和市场效应的娱乐性、大众性文化产品，比如影片《少林寺》《天下无贼》《墨攻》，电视剧《渴望》《便衣警察》《激情燃烧的岁月》《暗算》……这些在文化消费领域具有娱乐因素的大众文化产品，尽管并没有直接表现国家的重大历史事件，也没有直接表现高层领袖人物的丰功伟绩，但是，这些作品中所具有的劝人向善、向上的精神力量，不论对于扩大文化产品的市场占有率还是加强文化对民众的心理吸引力都是极为重要的一种资源。

六是国外文化中能够被吸收借鉴、为我所用的先进要素。美国人类学家格尔兹（Clifford Geertz）曾指出：文化是一张地图。每个国家和民族都会站在一张以自己为中心的文化地图上去观照其他地区的异文化，并以本民族文化价值标准去审视它、利用它。由于环境给人类提出许多共同问题,世界各民族的社会实践也有其共性和普遍的规律性,因而,在千姿百态的文化中也必然会存在着共性,这就为不同国家间的文化相互借鉴提供了可能。在全球化时代的今天,我们所面临的诸多问题早已不是一个国家可以独立解决的,各国间相互交流与合作已然成为一种常态,这其中就包括各国间文化的交流与相互借鉴。如中俄、中法互办文化年,孔子学院在世界各国的建立等。

今天的中国,要加强国家文化软实力建设,我们既要强化本民族的文化认同,又要尊重差异,理解个性,在求同存异中积极吸收、借鉴其他民族文化中的先进要素;我们应坚持"引进来"和"走出去"相结合的战略,充分利用好国内和国外两种文化资源,在推动中华文化走向世界的同时,加快对外来先进文化资源的开发和利用,以促进世界文化的繁荣和我国国家文化软实力的提升。我们应增强文化的"资源意识",着力开发能够为广大人民群众普遍认同的政治文化和核心价值体系;应淡化对主流文化生硬和空洞的宣传,以人民群众喜闻乐见的形式推进主流文化大众化进程;应深入发掘传统文化的精髓及其时代价值意蕴,重视群体文化的巨大作用,加强对各种流行文化的监督和引导。此外,我们还应调整对外文化交流的方式,大胆吸收、借鉴国外文化资源,将涵育政治文化、推广主流文化、改造传统文化、取舍群体文化、引导流行文化、迎纳外来文化相结合,优化各种文化资源配置,从而促进我国国家文化软实力的整体提升。

2. 文化软实力在国家或地区发展中的重要地位和作用

首先,文化软实力在国家发展中占有重要地位,具有重大作用。一是与硬实力相补充,增强国家的综合实力。硬实力在发展时必然要受价值观念和意识形态等软实力因素的支配和影响。在以文化为主题的社会大发展大繁荣的时代背景下,文化软实力除了能够指导硬实力资源更好地发挥效用,还能为硬实力的运用提供强大的动力支持。如果没有文化软实力的支撑，硬实力就不可能发挥出很强的功能和应有的最大动能，文化软实力正是推动硬实力高速发展的内在驱动力；如果离开文化软实力，硬实力的发挥效果就不会理想。因此，科学运用两种实力，通过掌握时机、制定策略、融合技巧等手段合理运用和开发使其效益最大化，必将增强国家的综合实力和战略利益。二是维护国家安全，实现国家间和谐稳固的交流与发展。我国政府在南海问题的处理上正在彰显中国国家文化软实力，因为合理运用文化软实力不仅可以降低国家维护安全的成本，更能够提高国家维护安全的效能。战争、暴力和制裁等都是高成本维护国家利益的手段，往往会造成大量人员伤亡和经济损失，使用不当甚至会影响到国家的国际形象。相反，如果运用对话、磋商、合作和交流等非强制性的文化软实力发挥作用，可以在实现互利共赢和共同发展的基础上满足低成本维护国家安全能力的提高。随着全球化和国际政治格局多极化发展，促使国家间文化沟通与交流增强彼此的理解和信任，国家间相互依存和制约关系的日益紧密降低了运用强制手段的可能性，提高了运用文化软实力有效维护国家安全、维护民族和谐发展的能力。三是提升国家外交形象。世界上许多大国如美、法、英、日等国充分利用文化传播快、影响大、成本小的优势开展和强化文化外交的穿透力，采取灵活多样的渠道增强国家主流意识形态的吸引力与辐射力，通过不断提升国家科教实力，享受国际多元文化共同交融的成果配合和推动本国的经济外交、政治外交来提升国家文化实力，在国际舞台塑造良好外交形象。近年我国政府陆续举办中国年、国际艺术节、国际音乐节、国际文化论坛等国际文化交流活动，显示出我国促进国际文化的沟通与交融，提升和平发展的外交形象，发挥文化软实力的影响力与辐射力用以推动文化外交的思维理念，注重增强彼此间的理解、信任和认同力，努力将我国优秀的文化精华作为整体文化品牌推向世界市场以提升国家外交形象。

四是塑造人格,实现人的自由而全面发展。人类的最崇高目标和理想即是实现人自身的全面而自由的发展,有效运用文化软实力在推动实现科学与人文的共同繁荣、经济与社会的全面进步的同时,注重实现"以人为本"的科学发展观理念,增强民众的向心力和凝聚力。增强文化软实力的影响力和辐射力,倡导充分发挥人的精神能动性,以创新的文化超越改造物质生活世界寻求人的身心健康与全面发展。积极发展公益性文化事业活动,提高人们生活质量,提升人们素质能力和社会的精神文明进程,构筑中国特色的社会主义核心价值体系。

其次,文化软实力在区域城市发展中也占有重要地位,具有重大作用。城市文化核心价值体系是城市发展的动力引擎。文化核心价值是文化软实力的内核。一个城市的文化发展可以是多样的,但核心价值只能是一元的。一个城市的文化核心价值体系作为一种无形的、内在的要素资源,对该城市文化取向、城市的产业更迭取向、城市的创新理念、城市的开放交流氛围的诚信度有着重要的影响。在很大程度上讲,一个城市的文化软实力也就是这个城市文化核心价值体系的吸引力。它反映在城市精神文化上,能够连上下、拢各方,为城市的发展产生向心力、凝聚力和巨大的推动力。诚然,城市精神的塑造和弘扬是一个具体的、历史的、动态的过程,它是在不违背一定历史时期主流文化和全社会核心价值体系的情况下,并能联系本地实际而确立的。因此,它时时处处主导和制约着城市在一定时期的发展。

文化软实力有能够主导和影响区域城市的发展的作用,首先表现在高尚的城市精神的引导力上。它能够凝聚人心,不断增强市民对文化核心价值的认同感、对城市的归宿感和自豪感,使市民逐步树立对自己城市的自信、自爱意识,从而形成强大的精神力量,推动城市的发展,促进社会的进步。它是一座城市的魂魄,是区别于其他城市的文化核心价值和灵魂。外在地看,城市的精神表现为一种民俗风貌,感官印象;内在地看,它是这座城市市民群体所拥有的气质和文化积淀的体现。这种表现能反映出市民群体的价值共识、审美追求、信仰操守。

文化软实力有能够主导和影响区域城市的发展的作用,还体现在改革大潮中形成的文化管理机制和理念对城市发展所起到的规范性、现代性作用上。胡锦涛同志指出,深入推进文化体制改革,推动文化建设和经济建设、政治建设、社会建设协调发展,已成为实现科学发展的必然要求。因此文化体制改革不仅势在必行,而且影响到整个城市乃至国家综合实力水平的提升。纵观人类社会发展史,实质是体制和机制不断创新的历史,每一次的体制机制变革都会促使社会的发展。相形之下,一个地区的先进与落后,根本性的原因是理念和体制机制的差距,是行政管理文化水平的差距。按照新的文化发展理念而推进深化的文化体制改革,旨在促进文化事业全面繁荣和文化产业的快速发展,对公益性文化事业做到"增加投入,增强活力,提高效率,改善服务";对公共文化服务体系,则按照公益性、基本性、均等性、便利性的原则,提高公共文化产品和服务供给能力;在文化产业上,培育一批有实力、有竞争力的文化"骨干产业"和战略投资者,鼓励企业跨行业、跨地区的经营和重组。

文化软实力能够主导和影响区域城市的发展的作用,还体现在贯彻"以人为本"的科学发展观,实现"以文化人"育新人、树新风的精神文明建设上。一个城市的文化软实力的提升最终体现在该城市的人们精神面貌的改变,体现在人们对自身价值的实现和超越。科学发展观的核心是以人为本,城市的发展,归根结底在于人,而人的精神状态、工作状态、生活面貌等"文化"成分的高低则取决于人们为之奋斗的理想目标和价值追求。人生有理想,生活有目标,内心就有力量。追求理想是使人奋发向上,人生升华的过程。因此,文化软实力的建设具有很强的内生力和原动力,是城市经济、政治和社会发展的真正硬实力。在当前的社会转型期,树立全面建设小康社会这一理想,在思想建设方面,努力培育、完善人的素质,就要努力营造一个尊学重学、学以求乐、学以增智、学以致用的学习型氛围来提升市民的文化素养,规范行为,弘扬社会核心价值观和文明新风,营造与人为善、诚信和谐的人际关系,使人们在这个日新月异转型期识大体、顾大局,"风物长宜放眼量",重树自己的人生观、价值观,确立自己更高的人生理想和目标。

近年来,越来越多的城市政府把文化作为推动经济发展的原动力和城市形象塑造的主要途径。南宁市全面推进五象新区建设,提出了文化立城、文化造城、文化强城的最新时代理念,借助现代传媒,彰显了国际化大都市跨越发展的实践特色。文化力在其间发挥出越来越大的作用。

二、广西文化软实力现状和存在问题

(一)广西文化软实力的基本状态

1. 广西文化软实力的构成

广西南临北部湾,面向东南亚,背靠祖国大西南,是我国西南最便捷的出海大通道,中华文化走进东盟的桥头堡。独特的地理环境和历史沿革造就了独具特色和魅力的"八桂文化"。广西文化在长期的发展过程中,构成了推动广西经济社会发展的文化软实力的主体内容和重要基础,也为中华民族传统文化的形成和发展作出了应有的贡献。广西文化软实力的基本要素可归纳为以下几点:

(1)社会主义核心价值是广西文化软实力的本质和灵魂。党的"十七大"报告把"建设社会主义核心价值体系"作为文化建设的首要任务,党的十七届六中全会《决定》进一步明确提出要"推进社会主义核心价值体系建设,巩固全党全国各族人民团结奋斗的共同思想道德基础。"社会主义核心价值体系是兴国之魂，是社会主义先进文化的精髓，决定着中国特色社会主义发展方向，体现了国家根本利益和各族人民的精神风貌、意志品格及内在凝聚力，这是我国文化软实力的本质和灵魂，也是广西文化软实力的本质和灵魂。广西是革命老区，有着优良的革命传统，广西又是一个有着深厚民族团结传统和成就的先进省区，弘扬以爱国主义为核心的民族精神和以改革创新为核心的时代精神是广西文化建设的主旋律。在历史上，广西就出现过抗击倭寇的巾帼英雄——明代的瓦氏夫人；近代出现过抗击法国侵略者的著名爱国将领刘永福、冯子材；在新民主主义革命时期，壮族人民的优秀儿女韦拔群，以及那些在革命战争中牺牲的无数先烈们，他们保家卫国、英勇抗战的英雄气概和爱国精神永远激励着广西人民奋发争先。改革开放以来，广西人民大力弘扬革命先辈的优良传统和爱国主义精神，焕发了与时俱进、改革创新的时代精神，创造了边境大会战、北部湾经济区开放开发、西江黄金水道开发和来宾市农村公共文化服务体系建设的"来宾模式"、"南宁精神"、南宁国际民歌艺术节、《印象·刘三姐》等展现广西人民新风貌和新成就的业绩，社会主义核心价值体系建设在不断深入。今后，要继续围绕社会主义核心价值体系建设，巩固马克思主义的指导地位，坚持不懈地用马克思主义中国化的最新成果武装全党、教育人民，用中国特色社会主义共同理想凝聚力量，用以爱国主义为核心的民族精神和以改革创新为核心的时代精神鼓舞斗志，用社会主义荣辱观引领风尚，巩固广大人民群众团结奋斗的共同思想基础，不断推动广西文化建设大发展大繁荣和经济社会的向前发展。

（2）民族传统文化资源是广西文化软实力的源泉。在广西这片美丽的红土地上，繁衍生息着壮族、汉族、瑶族、苗族、侗族、毛南族、仫佬族、仡佬族、京族、彝族、回族等各族人民，悠久的历史，多民族聚居和长期的文化交流，形成了广西绚烂多姿、独具特色的民族文化。各民族都有独特的传统习俗、民族服饰、风味美食、民居建筑、节庆活动、民族艺术，呈现出独特的文化景观。风情八桂，百节之乡，广西民族节庆活动非常丰富，如壮族"三月三"歌圩、汉族龙母节、瑶族盘王节、苗族芦笙节、侗族花炮节、毛南族分龙节、仫佬族走坡节、仡佬族拜树节、京族哈节、彝族的火把节、回族的开戒节，等等；有山歌、民族舞蹈、铜鼓、花山崖画、风雨桥、钟鼓楼等富有特色的民族民间文化资源。这些历史悠久、内涵深厚、深入人心的民族文化遗产，是广西文化软实力生生不息的源泉。盘活、利用好这些文化资源，对于加快广西的文化建设，提升文化软实力意义重大。广西被誉为"歌海"，山歌是最富有魅力和表现力的民族文化艺术，聪慧美丽、能歌善唱的"刘三姐"是广西民族精神文化的形象化身。由壮族"三月三"歌圩发展而来的南宁国际民歌艺术节现已成为世界民族文化艺术交流的盛会，蜚声海内外。山歌已成为广西文化软实力最鲜活的代表，"刘三姐"已成为广西文化的形象大使。广西民族文化资源历史悠久、丰富多姿、特色鲜明，包含着优秀的文化传统，体现了中华民族文化的丰富内涵和精髓，具有重要的文化价值。可以说，最具广西本土文化特征的民族文化是中华文化的重要组成部分，是广西各族人民的智慧结晶，是创造民族未来的重要纽带和持久动力，是广西提升文化软实力的重要依托和鲜明亮点。

（3）文学艺术精品是广西文化软实力的形象代表。能够展现广西文化特色，在国内外具有持久影响力的文化精品和文化品牌，是广西文化软实力中的标志性、形象性要素。其中包括，在主流文化领域体现主流意识形态、表现广西文化特色、民族形象和重大革命历史内容的各类艺术作品，如诗歌《百鸟衣》，小说《美丽的南方》《瀑布》《没有语言的生活》等；桂剧《拾玉镯》《大儒还乡》，民间歌舞剧《刘三姐》，民族舞剧《妈勒访天边》，民族音画《八桂大歌》等；电影《刘三姐》《黄土地》《一个和八个》《血战台儿庄》《周恩来》等;在流行文化领域具有普遍社会反响和市场效应的娱乐性、大众性文化产品,如电影《英雄》《十面埋伏》,大型山水实景演出《印象·刘三姐》等;以及自成一格的漓江画派美术作品等。这些作品不仅具有较高的艺术价值,而且其所蕴含的爱国主义、民族自强、奋发向上、和谐向善的精神力量,对于加强社会主义核心价值观的引导力和文化的凝聚力以及扩大文化产品的市场占有率等都具有极为重要的意义。

(4) 文化产业是广西文化软实力的新力量。文化产业是21世纪的朝阳产业,不断发展壮大的文化产业,是广西文化软实力中的关键因素。文化产业之所以是文化软实力中的关键因素,是建设民族文化强区的突破口和着力点,主要在于:文化产业是文化软实力当中最具活力、最具发展潜力、最富于创新的力量,是资源消耗最少、环境污染最低、最具有可持续发展特征的低碳产业,是新兴战略性支柱产业。大力发展文化产业,是改革开放不断推进的时代必然,是落实科学发展观、构筑和谐社会的根本要求,是满足人民群众多层次、多样化的精神文化需求的迫切需要,是培育新的经济增长点、拉动经济快速发展的重要途径。加快发展文化产业,有利于产业结构的调整和经济增长方式的转变,有利于促进经济社会的协调发展,有利于提高广西整体实力和综合竞争力,对于加快"富民强桂新跨越"步伐,全面建设小康社会,实现建设"民族文化强区"目标具有重要的战略意义。

(5) 公共文化服务体系是广西文化软实力的物质基础。公共文化服务体系在广西文化软实力的构成中具有特殊意义,其完善与否,直接关乎群众的文化权益能否充分享有,文化精神生活的需求能否得到充分满足。当前,广西不断加大对文化基础设施建设的投入,构建以中心城市为主干,覆盖城乡、功能完善的文化设施网络,完善县市、社区和乡镇村文化设施体系。突出抓好基层文化馆(站)、图书馆、广播电视等公益性文化设施建设,在大中城市建设一批重大文化设施,形成了覆盖全社会的比较完善的公共文化服务体系。建成广西民族博物馆、广西科技馆、广西体育中心、孔庙等一批重大文化基础设施工程。广西铜鼓博物馆、广西美术馆建设正式启动。广西民族博物馆已正式对外开放,全区免费开放的博物馆、纪念馆有36个。扎实推进广播电视网络“村村通”工程,广播和电视综合人口覆盖率分别达到95%和97%。积极探索社会主义新农村“文化致富工程”的五种模式,即文化带动型“阳朔模式”,民族生态文化型“靖西模式”,文化知识致富型“横县模式”,休闲文化旅游型“恭城模式”,农业生态文化型“北流模式”。实施社会文化先进县建设工程,文化科技卫生“三下乡”工程,等等,这些都夯实了广西文化软实力的基础。

(6) 文化人才是广西文化软实力的发展动力。当今世界的综合国力竞争,归根结底是人才的竞争。人才实力构成了文化软实力的重要组成部分,直接成为提升文化软实力的推动力。教育是培养人才来源的主要渠道,加强教育事业,加速培养文化人才和各类技术人才,是提升文化软实力的主要途径。据统计,截至2009年底,广西人才资源总量约为210万人,占全自治区人口总数的4.12%。广西先后建立了32个自治区级人才小高地,各市、自治区各部门一级人才小高地96个。人才小高地有效聚集了一批领军人才和创新团队。自治区博士后“两站”总数达到40个,高层次人才培养能力得到提升。广西“十百千人才工程”建设也取得新进展,逐步形成了广西学科和学术带头人培养开发的梯次结构。① 2010年,广西文化艺术创作人才小高地正式挂牌成立,为培养文化人才,推进广西文化大发展大繁荣提供人才保证和智力支持。高校作为传承、创新、引领文化的前沿阵地,为广西文化建设提供了强有力的人才和科技支撑。当前,广西各级政府深入实施

---

① 《“十一五”广西人才发展综述》,《人事天地》,2010年第24期。

“科教兴国、人才强桂”战略，各高校和文化单位加快培养高素质的文化人才队伍，为广西文化大发展大繁荣和文化软实力的提升打下良好的人才基础。

2. “十五”“十一五”时期广西文化发展情况分析

(1)“十五”时期，广西经济建设持续、稳定、快速发展，人民生活水平不断提高，文化事业与文化产业发展齐头并进，进入新的繁荣发展阶段。全区不断加大对文化基础设施建设的投入，建成一大批文化基层设施项目。先后启动乡镇宣传文化站建设工程以及实施边境地区和“东巴凤”革命老区基础建设大会战推进基层文化设施建设，总共新建 538 个乡镇宣传文化站，总投资额达 14038 万元。新建了广西儿童剧院、广西话剧院、广西歌舞剧院剧场以及改扩建广西图书馆等文化设施。公共图书馆藏书量增加，文化馆、群众艺术馆、博物馆文化活动频繁，文艺创作和舞台表演活跃，涌现出一批文学艺术精品。民族音画《八桂大歌》、舞剧《妈勒访天边》先后入选国家舞台艺术精品工程“十大精品剧目”。“十五”时期，广西文化产业快速健康发展，文化产业产值稳步增长。2001 年，广西文化产业的增加值为 82.5 亿元，2004 年增加值达到 110 亿元，占广西 GDP 的 3.3%。文化产业门类基本完备，文化产业格局初步形成。在“十五”期间，广西文化产业实现了从无到有，建立起基本完备的产业格局，实现了历史跨越。着力打造的南宁国际民歌艺术节成为广西具有影响力的文化品牌，带动了南宁旅游业及相关产业的发展。由张艺谋导演的大型山水实景演出《印象·刘三姐》，于 2004 年 3 月正式公演，至“十五”末期的 2005 年 11 月为止，共演出 571 场，观众 77.5 万人次，票房收入 7600 万元，给当地创造了大量的就业机会，拉动了阳朔的经济链，带动了当地的房地产、餐饮、旅游、交通等产业的发展。2005 年，桂林“刘三姐歌圩”入选中国文化产业十大经典案例，并与桂林愚自乐园一道被文化部确定为国家文化产业示范基地。广西的精品工程建设和特色品牌项目在广西文化产业发展中发挥了示范带动作用，在全国文化产业界产生了巨大的影响。

（2）“十一五”时期。2006 年—2010 年，广西经济、社会、文化等各方面都得到了突飞猛进的发展。在文化发展方面，文化体制改革不断深化，公共文化基础设施建设成绩突出，文化产业快速发展，文化建设取得显著成效，文化综合竞争力进一步增强，文化影响力进一步扩大，文化软实力得到了极大的提升。

文化体制改革稳步推进。“十一五”期间，广西文化体制改革稳步推进，初见成效，继 2004 年 4 月组建成立广西新华书店集团有限公司之后，2009 年，广西出版系统率先完成系统内全部转企改制工作，除保留广西民族出版社一家为公益性出版事业单位外，其余 7 家出版社全部完成转企改制。2009 年 12 月 22 日，广西出版传媒集团有限公司、广西日报传媒集团和广西日报传媒集团有限公司成立揭牌，广西师范大学出版社集团、广西正泰印刷包装集团相继组建，初步形成广西新闻出版产业优势集群。2011 年，广西文化产业投资集团、广西电影集团相继组建成立。广西演出公司改革方案已经获得自治区人民政府批准，目前正在有序实施中。广西国有文艺院团的整体改革正在全面推进。转企改制后的集团公司综合实力和竞争力得到增强。

公共文化基础设施建设成效显著，城乡文化服务机构进一步完善。“十一五”期间，广西不断加大对文化基础设施建设的投入，继续实施文化信息资源共享工程、非物质文化遗产保护“薪火相传”工程、广西边境文化长廊建设工程、知识工程、农村电影放映“2131”工程、乡镇综合文化站建设工程、社会文化先进县建设工程、新农村文化致富工程、文化科技卫生“三下乡”工程等重点文化建设工程，不断推进公共文化服务体系建设。2006 年全区文化基础设施建设实际完成投资额 4506 万元，到了 2009 年达到 13865 万元，增长 2.1 倍，年均增长 25.2%。广西进一步完善公共文化服务机构建设。建成广西民族博物馆、广西科技馆、广西体育中心等重大文化基础设施项目。2010年广西城市规划建设展示馆、广西铜鼓博物馆、广西美术馆三大公益性文化项目建设工程正式启动。截至2010年,全区共有专业艺术表演团体141个,县级以上公共图书馆104个,文化馆99个,博物馆64个,各级各类档案馆149个。农村公共文化服务机构方面,广西有乡镇综合文化站1126个,村文化活动室5027个,县镇综合文化站覆盖率达100%。建成1.1万个文化信息资源共享工程分中心和基层服务点,覆盖全区95%的县、乡、村,初步形成了覆盖城乡的数字文化服务体系。共完成6.6508万个20户以上自然村"村村通"建设任务,解决了约183万户近900万名边远地区农民群众收听广播、收看电视难的问题。投入建设资金1.263亿多元,已建和在建农家书屋6314个,覆盖全区44%的行政村,近1500万农村人口受惠。广西民族博物馆正式对外开放,全区免费开放的博物馆、纪念馆增加到36个。

文化惠民工程成效显著。截至2010年12月底,全区共建设综合楼、篮球场、戏台500多个,组建篮球队655支、文艺队545支。村级公共服务中心日渐成为文艺展演、乡村戏曲"大舞台",电影、教育"大看台",科技培训、科普宣传、政策知识"大讲台"。大力开展和谐文化建设在基层活动,全区专业文艺院团服务基层演出6679场。自治区图书馆举办"八桂讲坛"超过200期,听众超过5.3万人次。深入开展千团万场群众文化活动。命名永福县、东兰县为自治区级社会文化先进县。北海市少儿图书馆入选全民阅读示范基地。玉林市图书馆被评为国家一级图书馆。来宾市实施"求乐、求知、求技"文化惠民工程取得丰硕成果,成为全国第一批公共文化服务体系建设示范区。

文化遗产保护工作成效显著。"十一五"期间,国家投入2.8亿元、自治区投入2亿元用于文物保护事业。2010年12月,历时

3 年的广西第三次文物普查第二阶段工作任务顺利完成。对 109 个县级行政区域进行了调查,全境普查完成率 100%,调查登记不可移动文物 11504 处,其中新发现 6124 余处,复查 5380 处,调查登记消失文物 795 处,顺利地完成了第三次全国文物普查实地调查阶段的工作。广西文化遗产保护工作成效显著。左江岩画申报世界文化遗产力度加大,花山崖画、灵渠被列入国家申报世界文化遗产预备名录。北海市入选国家历史文化名城,有 2 镇、2 村被评为国家历史文化名镇名村。桂林靖江王府及王陵、甑皮岩遗址列入第一批国家考古遗址公园立项名单。全区 20 处 200 多个文物点列入第六批全国重点文物保护单位。自治区公布第一批自治区级历史文化名镇 5 个、名村 12 个。壮剧、彩调、邕剧、壮族三声部民歌等非物质文化遗产项目得到了有效保护。桂平市反映非遗内容的报告文学《"瑶族经书"手抄传奇》获国家级立项扶持。自治区图书馆制作的《广西民国人物》数字资源入选国家图书馆数字资源征集项目。全区有 17 部古籍入选第三批国家珍贵古籍名录,桂林图书馆、柳州市图书馆入选第三批全国古籍重点保护单位。①

文学创作和艺术表演成绩斐然。"十一五"时期,广西打造广西气派舞台艺术精品见成效。继"十五"期间《八桂大歌》《妈勒访天边》入选国家舞台艺术精品工程十大精品剧目之后,2006 年,桂剧《大儒还乡》又再次入选,创造了广西精品艺术"三连冠"的奇迹。舞剧《碧海丝路》获全国"五个一工程"奖,音乐剧《桂花雨》入选"2008—2009 年度国家舞台艺术精品工程(二期)剧目",并获第十三届文华奖"文华大奖·特别奖"及剧作奖、舞台美术奖 2 个单项奖。歌剧《壮锦》获"文华奖·优秀剧目奖"。壮剧《天上的恋曲》获得第二届少数民族戏剧会演银奖,入选"2009—2010 年度

---

① 李建平:《2011 年广西蓝皮书·广西文化发展报告》,广西人民出版社,2011 年。

国家舞台艺术精品工程剧目”。文学新桂军锐意进取，佳作迭出。蒙飞、黄新荣创作的壮文长篇小说《节日》获第九届全国少数民族文学创作“骏马奖”。朱山坡短篇小说《陪夜的女人》亮相“2008年中国当代文学最新作品排行榜”。在学术文化领域，“桂学”研究方兴未艾，《桂学概论》等成果不断涌现，正在形成为国内外有影响力的独特学术文化流派，成为广西学术文化的形象代表。

文化交流频繁。广西成功举办了“2006 北京·广西文化舟”、“2007 马来西亚·广西文化舟”活动，“广西文化舟”成为广西对外文化宣传新品牌。广西文化厅制定和实施了广西与东盟全面开放合作 10 项专项行动计划之一的《广西与东盟文化合作行动计划》，在南宁建立了中国—东盟文化交流培训中心。2008 年—2010 年，广西艺术团先后赴印尼、泰国、韩国参加了“欢乐春节”文化交流活动。彩调歌舞剧《刘三姐》先后走进美国、马来西亚等地，并随广西经贸文化代表团赴台湾演出。2009 年，来自东南亚国家以及欧洲等国的京剧爱好者、国际友人齐聚“中国—东盟京剧爱好者南宁演唱会”。2010 年，南宁市粤剧团在“2010 新加坡艺术节”精彩亮相。2010 年 9 月，为庆祝中越建交 60 周年，继“中越青年大联欢活动”后，组织广西艺术团携《魅力广西》随自治区政府主要领导赴越出席广西与越南边境四省联合工作委员会第三次会晤并顺访越南，演出活动获得圆满成功。2010 年成功举办了“情系八桂——两岸文化联谊行”文化交流活动。与此同时，三次承办文化部东盟与中日韩“10 + 3”人力资源开发合作培训班在广西的培训任务。广西新闻出版局承办的 2010 年越南、印尼中国图书展销暨版权贸易洽谈会于 9 月 15 日—24 日，分别在越南首都河内和印度尼西亚首都雅加达举办。2010 年 11 月 2 日“中国—东盟文化交流培训中心”在广西民族博物馆正式揭牌，成为中国与东盟以及其他国家开展各种文化交流合作的大舞台。

文化产业稳步增长。“十一五”期间，广西把文化产业作为新的经济增长点来抓，文化产业在广西国民经济中的比重逐年增长，呈现健康快速发展的良好态势。2007年—2009年广西文化产业增加值分别为149.91亿元、178.61亿元、198.69亿元，占GDP比重分别为2.6%、2.5%、2.6%。[①] 近年来，广西利用自身优势培育了一批文化产业，建设了一批重点文化产业项目，文化旅游业、节庆会展业、新闻出版业、动漫业等广西本土民族文化特色品牌和重点项目取得跨越式发展，构建了独具特色的文化产业体系，形成了艺术演出业、文化旅游业、文化娱乐业、广播影视业、新闻出版业、音像网络业、艺术教育业、会展广告业、国际文化贸易业等文化产业共同发展、多种所有制文化产业主体多元发展的广西文化产业格局。在实现大集团带动大产业的发展过程中，广西以资产为纽带，以业务为联结，通过联合、兼并和重组，加快组建了广西报业集团、广西出版集团等一批核心竞争力强的大型产业集团。同时，广西依托民族文化资源，通过旅游、演艺、会展，形成某一品牌效应，带动周边产业发展。"以文化为平台，经济为核心"，广西努力发展特色文化产业，规划建设各具特色的文化创业创意园区，支持中小文化企业发展，发展具有区域和民族特色的文化产业群，发挥城市的协同效应，与此同时，建立门类齐全的文化产品市场和文化要素市场，促进文化产品和生产要素的合理流动。桂林广维文华旅游文化产业有限公司、桂林愚自乐园、临桂五通农民三皮画、百色靖西旧州绣球街、广西钦州坭兴陶艺有限公司入选国家文化产业示范基地。2006年—2010年连续5年成功举办中国—东盟文化产业论坛，影响力逐步扩大，成为中国—东盟文化区域合作的亮点品牌。

"十五"和"十一五"时期，广西文化建设和产业发展的良好成绩构成了广西文化软实力的健康品质和强大动能，为"十二五"时

---

① 广西统计信息网，2008年7月17日。

期广西的文化发展及其以文化软实力推动经济社会的快速发展，打下了良好的基础。

（二）存在问题及形成原因

1. 存在问题

加强文化建设是提升文化软实力的重要内容和途径。广西是少数民族地区，12个世居民族拥有丰富的文化资源，千百年的各族文明史以及深厚的历史文化积淀，造就了丰富多彩的八桂文化。广西文化建设具有较好的外部环境和积极的内在条件，但从广西目前的文化现状来看，仍存在许多不足和亟待解决的问题，与全国其他省市蓬勃发展的文化建设相比，仍有较大的差距。

一是文化发展的意识还不强，文化认识不到位，文化发展不平衡。思想观念滞后，与文化软实力建设不相适应，对文化活动功能的认识尚不全面，缺乏自主意识，对增强文化软实力建设重要性、迫切性的认识还不到位。各级领导对文化建设工作在经济社会发展中的地位认识有差异，主要存在重硬轻软、重形式轻实效、重眼前轻长远、重城区轻农村等不良倾向。许多地方长期存在强调文化搭台、经济唱戏的老观念，认为文化建设只是经济建设的辅助，认识不到文化软实力的作用，文化的重要地位还未得到应有的重视，文化作用还未得到应有的发挥。文化事业属于公共文化服务体系的范畴，一些地方在文化方面的投入跟不上，相当多的人认为文化工作是软任务，是花钱多效益少的社会公益事业，不是硬性任务，可搞可不搞，常常不愿意多花钱。由于重视不够，一些部门和单位对文化事业、文化产业、特色传统文化都缺乏系统的研究和挖掘，对社会上出现的一些文化新现象与文化产业萌芽缺乏科学合理的引导、规划、开发，致使全区整体上文化建设步伐不快。由于人们对文化认识的不到位，造成了全区文化发展的不平衡，难以满足不同层次人群的文化需求，而对文化事业投入不足也制约了文化软实力的提高。

二是公共文化服务体系还不够健全,文化硬件建设滞后于经济建设,文化发展水平不高,与经济发展水平不相适应。2008 年全国人均文化事业费为 18.68 元,广西为 10.56 元(资料来源:文化部网站)。广西对文化建设投入不足,文化活动经费严重短缺。近年来,各级政府对文化设施建设的投入虽有较大增长,文化基础设施虽有改善,但由于广西文化设施规模小、设备旧、布局差,已远不能满足群众的文化需求。一些县市级的图书馆、博物馆、科技馆、群艺馆、体育馆、文化活动中心面积狭小、设施陈旧,均达不到所要求的最低标准,基层文化呈现弱化状态。文化事业经费严重不足并缺少公共财政有力支撑的情况仍比较突出。在一些经济条件较好的市县、街道、社区,领导比较重视,辖区内有经济效益好的单位资助,文化设施较为齐全,城区文化设施和居民文化生活有较大改善,文化活动开展得较好,文化活动质量也较高,但基层文化特别是"老少边山"地区农村文化整体滞后的问题仍比较突出,特别是农村的文化设施陈旧落后,残缺不全,农村文化活动萧条冷落、枯燥单调。在公共投入和设施方面,城乡二元机制使我国公共文化投入长期向城市倾斜,广大农村地区公共文化服务设施稀缺。

三是文化管理改革还不够深入,文化管理体制不畅,制约文化发展。政府长期处于管理者的角色,对文化发展干预过多,使文化经营者缺乏自主权和积极性,使文化企业缺乏创造力和竞争力,不能依据市场进行集团化的改制和整合。其次,文化管理部门条例、规定较多,普遍性法律较少,政策变动频繁,文化行政管理体制上的交叠、缺位现象仍然存在,而创作机制、经营机制、用人机制、分配机制等亟待改进。凡此种种,无不在继续制约着广西文化创造力的提高与发挥,进而制约着广西文化产业竞争力的提高。

四是高素质文化人才缺乏,文化领域缺乏众多有广泛影响的学科带头人、大批高层次领军人才。在人才保障上,文化人才相对不足,培养机制不够健全、引进渠道不够畅通,优秀文化人才匮乏,人才断档、青黄不接现象严重。文化产业的经营管理人才、专业人才和复合型人才更加匮乏，从业人员素质有待提高。同时，在人才培养、使用、评价、奖惩、待遇等各个环节上保障乏力，影响了队伍的稳定和长远发展。

五是文化能力薄弱，文化优秀产品还不多，文化产业市场发育不成熟，文化产业集约化程度低。广西知名的大专院校、大企业比较少，高等教育整体水平低，科技人才缺乏，科研力量不足，广西既缺乏代表性的文化产业集团，又缺乏以高新技术为基础的文化产业整体性结构竞争力。传统文化产业比重较大，现代新兴文化产业发展不够。对一些文化品牌缺乏深入挖掘、深入包装、缺乏向市场转化的创意和能力。广西有丰富的文化资源，有不少已从民间资源转化成地方文化品牌，但对运用自身优势抓住机遇向市场延伸，转化为文化名牌产品的能力还有所欠缺。广西的文化产品传播方式落后，演出业、影视业、出版业等诸多文化产品的传播仍停留在传统技术基础上，运用高新技术创新不够，与发达地区存在较大差距。文化产品缺乏吸引力和竞争力，市场占有率低。广西文化产业在全国的地位现状是简单复制，原创能力很弱，整体上没有形成规模化、集约化、专业化的发展格局。广西有知名度的文化品牌不多，虽然有“南宁国际民歌艺术节”“印象·刘三姐”“南宁—东南亚国际旅游美食节”“八桂大歌”“桂林创新创意文化节暨桂林国际动漫节”“巴马国际长寿养生文化旅游节”等一系列文化品牌，但除了“南宁国际民歌艺术节”“印象·刘三姐”较有影响外，大多还是处于起步探索阶段，尚未形成全国性的品牌效应。

六是与建设社会主义核心价值体系的要求相比，民众整体文明素质不容乐观。一些领域道德失范，拜金主义盛行；部分群众思想偏离了正确的轨道，社会公德、职业道德和伦理道德观念淡薄；一些干部服务观念淡薄，意识不强，缺乏对社会职责的责任承担，少数干部陷入腐化堕落的泥潭；个别地区黄、赌、毒死灰复燃，封建迷信重新盛行，犯罪活动日益猖獗；西方不良文化和市场经济的负面效应未得到有效遏止，部分干部和群众道德缺失，精神空虚，追求格调低下的文化娱乐活动，赌博、嫖娼现象时有发生。他们与市场经济要求相适应的文明礼仪、道德素养明显滞后，特别是公德意识、规则观念的淡漠，乱丢杂物、随地吐痰、随地便溺、在禁烟区吸烟、说脏话粗话、乱闯红灯，在宾馆大堂、机场里大声喧哗，置旁人于不顾，如入无人之境。整体上文明水平还处于较低的层次，跟不上经济社会发展的要求。民众文化消费起点不高，日常娱乐活动尚处于粗放、无序、低层次阶段，文化发展水平整体较低，消费结构不尽合理，一些民众把宝贵的时间荒废在棋牌桌上，各类文化特色家庭特别是学习型家庭的数量还不多，这表明广西民众对精神文化的追求和品位还处于较低层次，我们对精神文明问题、道德问题存在的严重性要提高认识。

2. 原因分析

造成上述现实状况的原因是极其复杂的，既有历史的因素，也有现实的因素，涉及多个方面。加上现阶段国家和广西的相关法律法规及文化政策也还不完善，文化体制机制改革尚未到位，人们对文化的价值、功能和地位、作用的认识存在差异，造成广西的文化发展具有差异性和不平衡性，在不同地区和不同领域呈现出问题与不足。既有全国的共性特征，也有广西的地方特点；既有客观因素，也有主观原因。

一是文化体制机制性问题突出。随着文化工作内涵和外延的不断拓展，文化部门的职能逐渐增多，由于文化管理体制改革时间不长，而涉及面又广，致使文化的现行管理体制和机制还不能够适应发展形势，文化管理存在职能不明晰、管理不到位、行政效率不高等问题，特别是在广播电视安全播出监管、文化市场执法、文化遗产保护、农村文化管理等方面，政府的管理职责还没有完全到位，机构设置和人员配备上亟待加强。从全自治区文化体制现状来看,国有公益性文化单位服务能力不强、经营性文化事业单位机制不活等问题仍比较突出。

二是文化人才队伍建设亟待加强。文化人才市场机制不健全,受此影响,广西文化队伍存在人才缺乏、整体素质不高、基层队伍不稳定等问题,干部群众思想意识还处在相对较低的水平,不少文化干部统领全局的观念、干事创业的精神、主动创新的意识都还不强。目前广西的人才市场以政府主办为主,社会力量举办人才市场尚未突破。政府的人才中介机构服务内容比较单一,行政色彩过浓,在提供人才租赁、人事代理、人才素质测评、择业指导等新型中介服务方面有所欠缺,市场配置功能还没有得到充分发挥。此外,一些用人单位重引进,轻培养,在人才培养、使用、评价、奖惩、待遇等各个环节上保障乏力,影响了队伍的稳定和长远发展。不少企业偏重于对资金、技改投入,不注重人才引进后的再教育、再培训,致使人才引进后留不住的现象时有发生。在人才的竞争中,全国或周边地区的人才都在向大城市和发达地区聚集,广西也受此影响,本地人才也纷纷流向外省发达地区。

三是存在重经济发展轻文化建设的思想。一些领导干部存在目前财力有限,先把经济发展起来再考虑文化建设的问题,将跨越发展理解为仅仅是增长速度的加快、经济总量的追赶,理解为仅仅是简单复制先进发达省市走过的路子,未能从经济、政治、文化、社会全面协调可持续发展的整体上去认识和推进科学发展、跨越发展。没有大力发展文化事业和文化产业,没有把文化产业发展作为新兴支柱产业、新的经济增长点来提升广西文化软实力。

四是文化产业发展迟缓,文化产业结构不尽合理,文化产品品种不够丰富,活动内容比较单一。特别是在高雅艺术领域,市场机制引入力度不够,消费群体尚未真正培育壮大。文化产业市场化程度较低,文化中介机构发展缓慢,对文化产品的推广策划和市场运作乏力,具有专业水准的文化经纪人、制作人、策划人、代理人十分稀缺。在进一步挖掘广西区域文化元素特色内涵、找准广西文化品牌建设的方法还不到位,对品牌的持续生命力与创新发展的研究还不够深入和系统。全区合力推进文化品牌建设的共识还需增强,推进力度还不够大,政府、市场、社会的联动关系还不够紧密。整合各方资源打造区域文化品牌的视野不够宽广,互动渠道和方法有局限性。当前,广西文化产业总体上处于探索、培育的初级阶段,文化产业总体规模偏小,特别是文化创意产业还处于小规模、分散化的经营状态。由于文化产业发展体系建设力度不大,文化产业投融资政策的不够完善,产业市场发育程度较低,投资者的收益预期与实际回报之间往往存在较大差异,致使广西文化产业吸引行业外资本的能力不高,文化企业难以形成规模化经营和快速发展。

五是广西区域经济和社会文化发展水平相对较低。广西总体上说还属于经济欠发达地区,经济总量小,大部分地区还以传统农业生产为主,一部分乡镇还属于贫困地区。经济相对落后,自我造血功能不足,财政收入规模相对较小。财力的严重不足极大地限制了民族地区基本公共服务均等化能力,具体表现为对基本公共服务投入的增长速度落后于总体财政增长速度,基本公共服务发展速度落后于整体经济增长速度,基本公共服务供给数量和质量落后于公众的现实需求。城乡的发展不仅应该满足人们日益提高的物质生活需求,而且也应该注重民众精神文化追求的实现。

六是文明水平和文化整体素质不高。民众文化素养亟待提高。民众的文明礼仪、道德素养,特别是公德意识明显滞后。文化软实力,归根到底,是民众的文化素质和创新能力。一些发达城市的崛起,尽管原因众多,但其中都不可避免地包含着市民文化素质的提升。一方面,一些人对传统文化的认识模糊,因此对传统文化表现出极其淡漠的态度,以壮族的“三月三”歌节、瑶族的“盘王节”、端午节、鬼节、七夕、冬至等节庆为代表的民情风俗不甚了然，人们对西方文化表现出了极大的热情，盲目地沉溺于以美国大片、流行音乐、圣诞节、情人节等为代表的西方时尚文化和习俗；另一方面，精英文化的式微，大众文化的繁荣是关乎社会进步、民族兴衰的决定性因素，也是影响文化软实力发展的最重要因素。平民文化、大众文化如果缺少精英文化的价值引导和审美救赎，庸俗化倾向将会泛滥，人们的文化素养也难以提升到较高水平。缺乏对于高雅文化的扶持，在现有条件下，通俗文化能够通过市场形成造血功能，而高雅文化则很难在短期内赢得足够的市场。然而从长远看，高雅文化代表着当代的文化形象，是民族未来发展所不可或缺的内容。

三、提升广西文化软实力的必要性和重要性

（一）和谐社会建设需要文化软实力的支撑

党的十七届六中全会《决定》指出：“社会主义核心价值体系是兴国之魂，是社会主义先进文化的精髓，决定着中国特色社会主义发展方向。……坚持用社会主义核心价值体系引领社会思潮，在全党全社会形成统一指导思想、共同理想信念、强大精神力量、基本道德规范。”社会主义核心价值体系——包括马克思主义、中国特色社会主义理论、爱国主义、改革开放、社会主义荣辱观，这些都是社会主义文化的精髓，当然也是形成文化软实力的核心要素。这四个方面是一个相互联系、相互贯通、相互促进的有机统一体：马克思主义思想作为社会主义核心价值体系的灵魂，是整个社会主义核心价值体系的理论基础，解决的是举什么旗帜的问题；中国特色社会主义共同理想作为社会主义核心价值体系的主题，解决的是走什么道路的问题；民族精神和时代精神作为社会主义核心价值体系的精髓，解决的是人民精神面貌的问题；以“八荣八耻”

为主要内容的社会主义荣辱观,是社会主义核心价值体系的基础,回答人们在生活实践中应该具有怎样的规范。总之,社会主义核心价值体系是与当代中国的社会主义基本制度和根本性质联系在一起的,集中反映了中国特色社会主义经济、政治、文化的基本要求,也是构建我国文化软实力的核心。

我国文化软实力建设必须以社会主义核心价值体系来引领。我国尚处于社会主义初级阶段,多种经济成分、多种利益格局、多种分配方式并存,经济体制深刻变革、社会结构深刻变动、利益格局深刻调整、思想观念深刻变化,人们思想活跃、观念多样,先进文化与落后文化、有益文化与腐朽文化同时并存;正确思想与错误思想、主流意识形态和非主流意识形态相互交织。这决定了我们必须要用社会主义核心价值体系引领社会思潮,在尊重差异中扩大认同,在包容中达成共识,不断增强社会主义意识形态的吸引力和凝聚力,引领和整合多样化的思想意识和社会思潮,从而促进社会主义先进文化的大发展大繁荣。社会主义核心价值体系的价值实现是多样性的,作为普通的人民群众,主要是倡导继承民族精神,弘扬时代精神和践行社会主义荣辱观。而党的领导干部则是要求用马克思主义的观点和方法认识问题、解决问题,在日常的言行举止中始终体现立党为公,执政为民,全心全意为人民服务的宗旨。只有这样,才能带动广大人民群众投身到中国特色社会主义事业建设中,才能增强中国特色社会主义的吸引力和凝聚力。

社会主义核心价值体系是建设和谐文化的根本。社会主义核心价值体系,是形成全民族奋发向上的精神力量和团结和睦的精神纽带。为实现这一点,首先,要坚持马克思主义在意识形态领域的指导地位。长期以来,一些党员和干部中不同程度地产生了"信仰危机",有些人怀疑和反对社会主义。国民心态中存在物欲化、粗俗化、躁动化、冷漠化、无责任化和虚假浮夸化等"六大负性倾向”。在市场经济建设的过程中,社会上出现了不同经济关系和不同利益的人群,不可避免地出现了文化多元化的态势,这些都已成为社会不和谐的重要方面。面对这样一个基本国情,维护社会和谐,发展最广大人民群众的根本利益,就必须保证马克思主义在意识形态领域中的指导地位,引导全体人民树立中国特色的社会主义理想。所以,和谐文化建设具有鲜明的意识形态性和导向性。其次,要倡导和谐理念,培育和谐精神。社会主义核心价值体系的建立,目的在于引领各种社会思潮,最大限度地形成社会思想共识,这是问题的一个方面。与此同时,社会主义核心价值体系又是开放的,它不是“专制化”或绝对的“一元化”,而是强调对多元价值观的“引领”。它的建设还要从国情出发,“尊重差异,包容多样”。从这个意义上讲,和谐文化应该是多元一体的、充满活力的、具有指导性、包容性和整合性的文化。只有这样,才能解决多元文化的矛盾与冲突问题,才能最终完成先进文化对消极文化、落后文化、腐朽文化的批评,以及对世界各民族优秀文化的现代化整合。

营造和谐社会,构建和谐文化的基础是社会道德和人的思想道德素质的提高。社会主义核心价值体系中的以“八荣八耻”为主要内容的社会主义荣辱观,就是树立全民族思想道德素质的规范。《决定》提出:“构建和谐社会要树立以‘八荣八耻’为主要内容的社会主义荣辱观,在全社会形成知荣耻、讲正气、促和谐的风尚,形成男女平等、尊老爱幼、扶贫济困、礼让宽容的人际关系。”改革开放以来,我国思想道德建设的主流是积极、健康、向上的。但我们也要看到,随着社会主义市场经济的建立,人们的道德规范和生活方式发生了深刻的变化,一些领域和地方存在着是非、美丑界限混淆,拜金主义、享受主义、极端个人主义的滋长和蔓延。在经济活动中存在着掺假制假、以次充好、欺行霸市、偷税漏税、商业贿赂、行业腐败、不讲信用等现象,成为当前社会不和谐的重要因素。因此,积极建立适应社会主义市场经济的思想道德体系,确立全社会成员共同遵守的价值取向和行为准则,加强对青少年、大学生的思想道德建设,已经成为构建社会主义和谐社会的一项紧迫任务。

文化软实力建设同建构"和谐社会"的理念之间是理论性和实践性的统一、现实性和前瞻性的统一。在中华传统文化中,和谐文化是我国文化的精髓,其和谐的理念、"天下大同"的思想必然会被灌输到执政理念、外交政策上,因此,加强文化软实力的建设同构建和谐社会之间是相辅相成的。我们的文化软实力是为"和谐社会"夯实基础,而和谐社会的理念是为文化软实力建设指明方向。提升文化软实力与构建和谐社会相辅相成,这就构成了社会主义先进文化的魅力。先进文化特别是先进的制度文化和精神文化,既属于思想上层建筑的范畴又属于政治上层建筑的范畴。先进的制度文化是政党合法性的内在保证,先进的精神文化是政党合法性的理念支撑。中国的和谐文化将作为国际核心竞争力之一,向世界展示出越来越强大的文化软实力。

地处祖国南疆的广西,不仅过去有着民族团结、社会稳定的历史传统,而且如今也被中央领导视为民族团结、社会稳定的典范,多次受到中央的赞赏。我们要继续弘扬广西亲善和睦、海纳百川、和谐包容的文化传统,进一步提升广西文化软实力,不断增强八桂文化的魅力。

(二)经济增长模式的改变需要文化要素的参与

党的十七届六中全会《决定》指出:"当代中国进入了……加快转变经济发展方式的攻坚时期,文化越来越成为……综合国力竞争的重要因素、越来越成为经济社会发展的重要支撑",并提出要"不断解放和发展文化生产力","加快发展文化产业,推动文化产业成为国民经济支柱性产业。"在新的国际经济竞争格局下,提升文化软实力必须重视发展"文化生产力"或"文化推动力",大力发展文化产业。以往的经济增长,主要依靠能源的消耗、生产规模的扩大来实现,不但生产效率低下,产品的附加值较小,而且对自然环境造成的破坏也极大。这导致了我国面临着巨大的资源环境压力,经济发展面临着能源紧张的瓶颈,经济的资源成本、商务成本、人力成本不断提高,经济发展如果再不转移到依靠文化要素和科技创新上来,就会发展缓慢甚至停滞、倒退。因此,必须进行经济结构调整、经济发展方式的转变。这里需要文化要素的参与。文化要素的参与主要包括以下三个方面。

1. 文化与经济结合,将为经济增长与发展提供精神动力、价值导向和现代人力资源

在政治、经济、文化三大系统中,文化起着导向作用,社会经济的发展必须有文化的精神支撑和价值导航。这种精神支撑就是社会主义先进文化的支撑,这种先进的文化反映现代工业文明精神,满足人们物质精神生活的需要,提高人们的主体意识和思想文化素质,同时也提升人们的价值观念。今天,文化已经渗透到现代经济活动的一切过程和环节之中。特别是普遍的文化认同在减少和克服由于文化差异带来的国际贸易冲突和经济摩擦方面,以及在适应贸易环境和投资环境方面,都具有其他系统所不具备的独特优势,能够起到其他系统所起不到的独特作用。

经济发展的基础是具有相当文化知识的人力资源,尤其是在当代经济全球化体系中,经济的增长和发展对高水平人力资源的倚重就显得更为突出。新加坡的经济发展被称之为第三世界经济的"奇迹",尽管"奇迹"是多种因素促成的结果,但有一点是不容置疑的,那就是新加坡在建国之初就确立了"教育立国""科技兴国""文化强国"的发展战略,建立了一个多元文化相辅相成的良性结构,形成了一个强大的"文化力"。当我们把目光转向国内,也不难发现这一现象,文化,特别是传统文化资源丰富的地区往往也是区域生产力水平较高或区域经济发展较快的地区。文化对经

济还具有久远而深刻的意义，可以预见，未来世界的竞争不仅是经济优势的竞争，更是文化优势的竞争。

2. 文化与科技结合，提升经济发展的技术手段和能力

党的十七届六中全会的《决定》指出："推进文化科技创新。科技创新是文化发展的重要引擎。要发挥文化和科技相互促进的作用，深入实施科技带动战略，增强自主创新能力。"当今世界高新技术的发展、科技和文化的融合，使作为上层建筑的文化事业与作为经济基础的生产体系实现了交汇，加快了文化与科技的融合，世界已经进入了日新月异的高科技时代，比如生物科技和信息技术已经让人们的生活发生了翻天覆地的变化。因此，我们要摒弃老观念、老思维，要运用科技优势在创新文化生产方式上给力，提升经济发展的技术手段和能力。加快文化与科技的融合，也可以掌握文化发展和文化传播的主动权。从文化传播学的角度说，一个毫无疑问的事实是，在信息技术高度发展的当今时代，谁的传播手段先进、传播能力强大，谁的思想文化和价值观念就能更广泛地流传，谁的文化产品就能更有力地影响世界。正所谓"酒香也怕巷子深"，就是这个道理。

我们已经看到，当今世界，数字技术、网络技术的迅猛发展和广泛应用，以高新技术为依托的"三网合一"，极大地开拓了文化发展的平台和空间，极大地增强了文化的创造力和传播力，极大地丰富了文化工作的新形态。同时，文化工作的新形态又催生了一系列新兴的文化业态，成为当今文化产业中最具活力和潜力的部分，预示了文化发展的未来方向。可以说，科技进步与体制机制创新一样，是加快文化发展的强大动力。

3. 文化创意产业的发展，改变经济发展的结构模式

在新一轮国际经济结构升级中，文化创意产业将发生革命性的作用。因为文化创意产业的生产要素将不再以能源、人力为主，而以人类的智力资源作为产业发展的资源，用人类"无形"的人文

创意来实现“有形”的价值。

积极发展文化创意产业，是转变我国发展模式的客观需要。我国改革开放以来取得了巨大的经济成就，但是，应该充分认识到，我国的经济增长在很大程度上是依赖一种高污染、高排放、低效益、粗放型的增长模式。而文化产业，恰恰是这样一种低污染、低排放、高效益，与粗放经营正好相对的新的增长方式。发展文化产业也将改变原始产业依赖资源、进而对生态环境产生破坏作用的负面影响，改变资源高消耗、经济低效益、环境高污染的粗放型、浪费型的传统经济增长模式，实现资源高效、综合利用、经济高效、环境安全的集约型经济增长模式，形成以生态型经济和创意型经济为中心的产业模式，有效地促进人与自然的和谐发展。因此，文化产业的快速发展，对调整经济结构、改变增长模式、提高人的整体素质具有重要意义。

文化产业本身也要以文化创意产业为核心。如果文化产业的发展不以文化创意产业为核心，文化产业的产值再高，主要利润也将流到海外。只有发展文化创意产业，掌握文化发展的自主权，变“中国制造”为“中国创造”，才能形成文化产业的核心竞争优势。这无论在国家文化产业发展战略上还是区域文化产业发展战略上，都是如此。

文化创意和科技创新一样，是知识经济时代的核心力量，文化创意能够提升传统产业的文化含量和内在品质，同时也就提高了价值含量；不仅如此，文化创意是我们由传统工业化道路走向新型工业化道路，推进产业结构升级，转变经济发展方式的一条根本性的路径。

广西作为欠发达的少数民族地区，面对经济转型、产业调整的大趋势，更应该抓住目前重视发展文化产业的大机遇，发展文化创意产业，才有可能赶上和超越发达省区，实现广西经济社会的跨越式发展。

（三）广西实现“富民强桂新跨越”目标需要文化力的推动和文化产业快速发展

党的十七届六中全会《决定》指出：“全党必须深刻认识到……没有文化的积极引领，没有人民精神世界的极大丰富，没有全民族精神力量的充分发挥，一个国家、一个民族不可能屹立于世界民族之林。物质贫乏不是社会主义，精神空虚也不是社会主义。没有社会主义文化繁荣发展，就没有社会主义现代化。”同时，还提出“不断解放和发展文化生产力”的任务。当今时代，很多发达国家高举“文化立国”的旗帜，甚至实现了因文化力推动而迅速崛起的跨越式发展，就是发挥了文化力的作用。

经国大业，首重文化；八桂繁荣，文化给力。为尽快实现“富民强桂新跨越”目标，广西首先必须着力解决思想认识问题，增强文化自觉。着力解决统筹谋划问题。广西历史底蕴悠久深厚，文化资源丰富多彩，地域特色独树一帜，为文化发展提供了肥沃土壤，创造了广阔空间。近年来，广西扎实推进文化改革发展，取得了突出的成绩，并对经济社会的发展发挥了推动作用。但也要清醒地认识到，广西作为后发展欠发达地区，与发达地区相比，文化发展相对滞后，文化改革仍然面临不少困难和问题。为实现“富民强桂新跨越”的宏伟目标，我们比以往任何时候都更需要依靠文化凝聚人心、鼓舞干劲、激发热情，依靠文化给力生活、给力发展、给力社会和谐。文化是软实力、是生产力、是核心竞争力之一，对一个国家、一个民族、一个地区至关重要。谁占据了文化发展的制高点，谁拥有了强大的文化软实力，谁就能在激烈的竞争中赢得主动、抢占先机。

要实现“富民强桂新跨越”的目标，就必须加快发展文化产业。因为文化产业不仅是文化力的重要组成部分，而且文化产业能直接提高 GDP 增长数量。文化产业在发达国家已成为经济领域里的重要产业。在我国，北京、上海、广东、山东、江苏、云南、湖南的文化产业增加值已占到地区 GDP 的 5% 以上,产值巨大,成为支柱产业。广西是欠发达地区,更应借助文化力对经济发展的牵引。目前广西的文化产业总值在 GDP 中的比重偏低,还大有增值发展的空间和潜力。因此,要通过深化文化体制改革实施一批重大文化产业项目和对外文化产业工程,至 2015 年,争取把广西文化产业打造成为千亿元支柱性产业。广西文化产业不仅直接拉动区域经济发展,还可以直接扩大广西文化的对外影响,借助地缘优势吸引东南亚国家与广西的合作发展,从而加快实现广西“富民强桂新跨越”的宏伟目标。

要实现“富民强桂新跨越”的目标,要努力打造广西的文化品牌,实施广西品牌“走出去”战略。一个地方没有自己的文化品牌就没有文化品位。《印象 · 刘三姐》不仅增强了桂林的经济实力,也迅速提升了广西对外知名度,扩大了广西在世界的文化影响。因此,我们要又好又快地推出一批文化品牌、优秀文化产品,形成有广西气派的文化产业基地、文化产业园区、文化产业项目集群,使广西成为在全国有较大影响力的区域文化中心,对东盟文化交流的枢纽,中国文化走向东盟的主力军、生力军。我们还要坚持实施广西文化及其品牌“走出去”战略,充分发挥广西地处中国—东盟“桥头堡”的地缘优势和已经建成中国—东盟自贸区的便利条件,推动具有广西民族特色的文化产业和文化服务“走出去”,扩大广西文化产业在东盟国家的市场份额,这既有利于促进实现“富民强桂新跨越”的目标,还逐步提升了广西文化软实力,扩大了中国和广西在国际上的文化影响力。

(四)文化大发展大繁荣需要文化软实力的提升

胡锦涛同志在中国共产党建党 90 周年纪念大会上指出:“要着眼于推动中华文化走向世界,形成与我国国际地位相对称的文化软实力。”我们建设“文化强国”,推动文化大发展大繁荣,就是要大幅提高和充分展示我国的文化软实力,在国内可以促进国民素质的提高和国民经济的可持续发展;在国际上,在人类价值观和国际经济新秩序的构建中发挥应有作用,为克服金融危机的消极影响,实现人类社会的可持续发展作出更大的贡献。

按照“软实力”论创始人、美国教授约瑟夫·奈的理论,所谓国家软实力,主要是一种吸引力、“引导力”或者领导力。“软实力”主要体现出一种“文化力”,也正如我国茅盾文学奖获奖作家刘醒龙所说:“泛经济时代的文化,不应当是各种经济活动的附和者,而应当是它们的向导”。这就是说,某种具有吸引力的文化引导并促进了时代社会的繁荣发展,同样,随着这种文化的繁荣发展也就强化和提升了这种文化的“软实力”。因此可以说,文化软实力的提升与文化的发展繁荣是互为因果的文化现象。

我们可以选取“文化发展”的几点内涵做些分析。

生产文化产品、创作文艺精品,需要核心价值观的引领,需要文化软实力的推动。党的十七届六中全会《决定》指出:“实施精品战略……不断推出文艺精品。”李长春同志也指出:“不论是发展文化事业还是发展文化产业,基础工作都是要创作生产更多优秀作品。这是文化繁荣发展的重要标志,也是文化繁荣发展的重要支撑。”文化精品,是民族文化的精华,是引领时代风气的风向标,是代表中国文化的品牌,当然也就是中国文化软实力的核心力量。要生产更好更多的优秀文化产品,就自然会提升文化软实力;而提升了文化软实力,就会从经济基础到上层建筑形成良性的文化发展的体制机制和文化环境,也就会促进民族文化创作力的勃兴,就会创作更好的文艺精品,也就能更好地满足人民精神文化需求这一最终目的。因此,文化精品的生产与文化软实力的提高是相互促进、共同发展的。

加快文化事业和文化产业发展,需要文化软实力做支撑。加快发展文化产业,推动文化产业成为国民经济支柱性产业,使适应人民需要的文化产品更加丰富,精品力作不断涌现,既是文化建设的重要任务,也是文化繁荣发展的重要标志。近年来,广西相当重视文化建设,大力推动文化产品创作生产,丰富了人民群众精神文化生活,但文化产品的数量和质量都还不能满足人民群众需求,有影响的精品力作还很不够,广西的文化软实力比较弱。我们必须要按照十七届六中全会提出的要求,全面贯彻"二为"方向和"双百"方针,坚持以人民为中心的创作导向,下大力气全面提高文化产品质量,创作生产思想性、艺术性、观赏性相统一,人民喜闻乐见的优秀文艺作品,为人民提供更好更多的精神食粮,不断增强广西文化软实力。

深化文化体制改革,增强文化发展的动力和活力,有利于促进文化软实力的提升。党的十七届六中全会《决定》强调:"文化引领时代风气之先,是最需要创新的领域",接着还指出,深化文化体制改革、推动社会主义文化大发展大繁荣,必须"以科学发展为主题,以建设社会主义核心价值体系为根本任务,以满足人民精神文化需求为出发点和落脚点,以改革创新为动力"。文化体制的改革创新,将使全社会的文化发展的潜力充分激活,在继承中华优秀文化传统的基础上,文化发展和创新能力显著提高,哲学社会科学和文化艺术高度发展繁荣,将涌现出一批有国际影响力、吸引力和传播力的文化艺术作品和精品节目——这也就是文化软实力增强的未来目标。

人们的思想道德素质的提高,需要核心价值观的引导和文化软实力的潜移默化的教育感染。有道是"文化如水,润泽世界"。文化软实力好像春雨滋润万物一样,"随风潜入夜,润物细无声"。什么样的文化培育什么样的人,高尚的文化培育高尚道德素质的公民,先进的文化就会形成强大的文化软实力,以社会主义核心价值体系指导的先进文化,就能够培育有理想、有道德、有文化、有纪律的高素质公民。高素质公民自然会创造出优秀的文化,这种文化就会发挥文化"引领风尚、教育人民、服务社会、推动发展"的作用,就会在全党全社会形成统一指导思想、共同理想信念、强大精神力量和基本道德规范。这种先进的文化和高素质的公民构成一种合力,就形成了强大的文化软实力,这就形成了提升“道德素质”与增强“文化软实力”相辅相成的局面。

四、提升广西文化软实力的目标和对策思路

广西文化软实力有待进一步提升,任务艰巨。为此,我们提出提升广西文化软实力的目标与对策思路。

(一)实现目标

1. 近期目标

到2015年,社会主义核心价值体系建设深入推进,以爱国主义为核心的民族精神和以改革创新为核心的时代精神深入人心,团结奋斗共建社会主义文化强国的共同思想道德基础得到进一步巩固;全区文化核心竞争力和文化综合实力显著增强,文化发展和经济社会发展水平基本适应,文化为经济建设、政治建设和社会建设提供更加有力的支撑;文化事业活力显著增强,公共文化服务体系建设有效推进,人民群众基本文化权益得到更好的保障,文化素质普遍提高;文化产业实力有所增强,文化及相关产业增加值的年平均增长速度明显高于同期经济增长速度,在全区生产总值中的比重达到5%以上,成为支柱产业;文化创新能力显著增强,文化软实力在实现经济社会发展进程中发挥重要作用,和谐文化建设取得明显成效。

2. 远期目标

到2020年,社会主义核心价值体系基本建立,良好思想道德风尚得到进一步弘扬,公民素质明显提高;在文化领域全面实现文化强区总目标,文化事业兴旺繁荣,文化产业实力明显增强,文化及相关产业增加值在全区生产总值中的比重达到6%以上;文化

产品极大丰富,人民群众的文化生活需求得到充分满足;文化软实力在实现文化强区、全面建设小康社会的进程中的重要作用得到充分发挥,使广西成为西部地区充满活力、富于魅力、凝聚动力、安宁和谐的民族文化强区。

(二)提升广西文化软实力的对策思路

1. 加快社会主义核心价值体系建设,增强文化凝聚力

社会主义核心价值体系是精神文明建设的核心,是当代中国共产党人和全国各族人民团结奋斗的共同思想道德基础。党的十七届六中全会《决定》提出,社会主义核心价值体系是兴国之魂,是社会主义先进文化的精髓,决定着中国特色社会主义发展方向。要把社会主义核心价值体系融入国民教育、精神文明建设和党的建设全过程,贯穿改革开放和社会主义现代化建设各领域,体现到精神文化产品创作生产传播各方面,坚持用社会主义核心价值体系引领社会思潮,在全党全社会形成统一指导思想、共同理想信念、强大精神力量、基本道德规范。

围绕这项任务,各级党委和政府要把社会主义核心价值体系建设纳入大力推进马克思主义学习型政党建设的核心位置,引导各级干部和高级社会科学学者积极研究社会主义核心价值体系的理论,包括基本理论、核心内容、具体形态、作用与意义,研究与时代发展趋势和广西区情相关的内容和形式,特别是弘扬以爱国主义为核心的民族精神和以改革创新为核心的时代精神,制订传播社会主义核心价值体系的途径、方式、方法,包括宣讲学习、新闻出版、广播电视、文艺创作、群众文化、学校教育、道德风俗,等等,检验其作用和成效。要根据广西的区情,制订和实施社会主义核心价值体系的普及计划,推动社会主义核心价值体系进校、进厂、进村,加强和改进学校思想政治教育,使之融入企业文化建设中。把建设社会主义核心价值体系和建设和谐文化有机结合起来,传播开去,使其在整个社会形成和谐文化氛围,成为广大人民群众生活

的有机组成部分,成为我们国家和广西社会生态的核心成分和主导氛围,发挥引导社会思潮和凝聚民族力量的重要作用。

2. 大力发展哲学社会科学事业,激发文化创造力

文化研究和社会实践表明,文化力中最重要的是思想力、创造力。哲学社会科学在其间发挥重要作用。文化创新需要哲学社会科学的基本理论和科学方法作支撑,社会实践中的文化创新也得在哲学社会科学的研究过程中升华,才能成为稳定的强大的文化力。哲学社会科学力量作为社会发展的智库,能够在党委、政府决策过程中发挥重要的参考作用。因此,增强广西哲学社会科学力量,是充分发挥文化软实力作用的重要途径,必须予以高度重视。

加强哲学社会科学事业发展,必须做好增加发展资金、完善基础设施、重视人才建设,改进政策和管理体制等工作。这是全面促进广西哲学社会科学实力提升的重要举措。要深入贯彻十七届六中全会精神,巩固发展马克思主义理论学科,提倡基础研究和应用研究并重,传统学科和新兴学科、交叉学科并重,以重大现实问题为主攻方向,加强对有关广西发展全局性、战略性、前瞻性问题的研究,加快哲学社会科学成果的应用性转化,更好地为经济社会发展服务。要结合广西实际和时代特点,建设具有区域特色、民族风格、南国气派的哲学社会科学体系。要进一步整合哲学社会科学研究力量,建设一批与民族地区发展需求相结合的社会科学研究基地和重点实验室,建设一批具有地方特色和专业优势的思想库,如中国—东盟问题研究、民族区域发展与民族团结和谐研究、北部湾区域发展研究、广西文化产业发展研究等。进一步壮大社会科学队伍和力量,逐步在全区各市建立市级社会科学院,大力培养青年社会科学工作者,表彰有突出贡献的哲学社会科学家。全面加强广西哲学社会科学建设,使之更好地发挥认识世界、传承文明、创新理论、咨政育人、服务社会的重要功能,在提升广西文化软实力、激发文化创造力方面发挥更大作用。

3. 加快发展文化产业,强化文化物质力

当今时代,文化力既是精神力,也是物质力。文化产业构成了文化软实力的重要部分,在国民经济领域里已成为重要的产业。在我国,北京、上海、广东、山东、江苏、云南、湖南的文化产业增加值已占到地区GDP的5%以上,产值巨大,成为支柱产业。广西是欠发达地区,更应借助文化力对经济发展实行牵引。

加快文化产业发展的思路是:

(1) 强化文化管理体制创新工作,加快推进文化产业振兴规划。首先,应当进一步完善工作机制。完善"党委统一领导、政府组织实施、宣传部门协调指导、行政主管部门具体落实、有关部门密切配合"的领导体制和工作机制,形成推进文化大发展大繁荣的工作合力。其次,应加快政府职能转变,进一步强化政府"公共服务、政策调节、社会管理、市场监管"的职能。再次,应当加快文化立法工作,加强知识产权保护,依法打击各种形式的侵权盗版行为,切实保护文化工作者的创造性劳动成果,保护文化企业的合法权益,形成有利于文化产业健康快速发展的良好市场秩序。最后,尽快落实广西文化产业振兴规划和广西文化产业发展"十二五"规划,及时做好年度数据统计工作,落实文化发展的项目政策、投资政策、产业组织政策、技术政策、公共文化消费政策、市场准入政策等,整体推进广西文化产业发展。

(2) 大幅增加对文化产业的投资和建设。文化产业既然是产业,同样需要投资的推动,凭借大投入达到大产出是重要举措之一。文化产业是产出效益好的产业,加大投入,有利于广西GDP总量的提升。据国家统计局发布的最新资料显示,2010年,我国文化产业增加值突破1.1万亿元,占国内生产总值比重为2.75%。2004年—2010年,全国文化产业增加值年平均现价增长速度超过23%,大大超过GDP的增速。经过多年的投入和发展,广西形成了一定规模和数量的文化资产,文化产业正在成为"产业",而不仅仅是“文化”。只要我们进一步加大对文化产业的投入,像办工业、建高铁、建高速路那样作为广西经济的新增长点去培植和促进,文化产业增加值可以在“十二五”末达到或接近千亿元,完成文化产业产值占广西 GDP5% 的目标,成为广西经济发展的支柱产业。这里所说的投资,不仅仅是政府一方加大对国有文化企业和重大文化产业项目的投入,还要积极引导民营和外资文化企业资金投入,银行信贷放宽对文化企业的限制,加大金融对文化产业的支持力度,推动大型文化企业上市面向社会集资等。

(3) 以发展大型国有文化企业和建设重点项目为突破口。广西文化产业中大型成熟的文化产业企业只有为数不多的几个(如广西出版传媒集团、广西日报传媒集团等),因此,必须以发展大型国有文化企业和建设重点项目为突破口,扩大产业规模和效益。至 2011 年 9 月,广西已经组建了广西新华书店集团、广西师范大学出版社集团、广西日报传媒集团、广西出版传媒集团、广西正泰印刷包装集团、广西文化产业投资集团、广西电影集团等大型文化企业,产业集中度进一步提升,集约化经济取得新成果,市场主体功能得到进一步完善,初步形成广西文化产业优势集群。目前,应继续开展以广西电视台、广播电台、网络公司为基础组建广西影视传媒(集团)有限公司、以广西各专业剧团组建广西演艺集团等国有单位转企改制工作,用三五年时间,建设四五个百亿元的大型文化企业,推动其上市融资,使大型文化企业在促进文化产业成为广西经济社会发展的支柱产业中发挥重大作用。

(4) 积极扶植民营和外资文化企业,帮助其做大做强。广西民营文化产业有一定基础和规模,有发展文化产业的积极性,要从政策、税收、金融贷款、市场准入、出口贸易等多方面帮助它们更快更好地发展,使其成为发展广西文化产业的重要生力军。

(5) 创新经济发展模式,打造文化经济新形态。文化产业的分类有多种,目前较多依据国家统计局的核心层、外围层、相关层划分法。以文化产业生产的梯度结构看,可以分为这样3类:第一类是文化资源展示和初级开发类,包括文化旅游、博物馆、戏曲演出、体育表演、工艺品制造和销售、艺术品和文物交易与拍卖、复制印刷、游戏网吧经营、会展等,第二类是传统型创意产业类,包括工艺品设计、广告、电影、电视广播、音乐与舞台艺术表演、书报出版、版权贸易等,第三类是科技型创意产业类,包括动漫设计和制作、游戏和休闲软件、移动电视、网络和手机广播影视运营、电子书、数字出版等。广西文化产业大体属于第一和第二类,有较高科技含量和充分创意的第三类文化产业才刚刚起步。因此,我们需要加快发展“创意产业”。创意产业的根本理念是通过“越界”促成不同行业、不同领域的重组与合作。这种越界主要是打破二、三产业的原有界限,重点包括基于三网融合和三屏合一的数字内容产业、新媒体产业等,通过越界,寻找提升第二产业,融合二、三产业的新的增长点,使二产三产化、创意化、高端化、增值服务化,推动第二产业的升级调整和文化与经济、科技的融合与发展。同时,增强传统产业的文化附加值,并为传统产业打造面向国际市场的文化核心竞争力。

4. 持续抓好国民文化科技素质教育,提高文化孵化力

文化软实力的基础建设要靠教育。人的文化之初由识字起。要不断保持文化软实力的强大,必须持续抓好教育普及,尽快提高国民的文化科技素质。

首先,要继续贯彻科教兴国的国策,保持对教育的高比例投资。其次,要调整教育结构。可以在继续开展普及九年制义务教育的同时,试点开展普及十二年制义务教育。在普及教育的传统学科教育中,增加现代科技、信息技术、生态环保等内容,像美国政府曾经实施的全国人才与智力开发“四个必须教育计划”,即国民8岁以上必须人人会读书,12岁以上必须人人会上互联网,18岁以上必须人人能读大学,成年人必须达到终身教育。在高等教育

中加强基础理论教育与应用技术教育相结合的教育板块，培养出既有科学思维又有实际操作能力的新型创造性人才。再次，充分利用现代科技信息技术，加快教育步伐。互联网的出现，为远离文化中心的后发达地区消除区位劣势带来了机遇。正如曾任世界银行行长的学者沃尔芬森所说，对于世界上最贫穷的人来说，互联网同住房和清洁的饮水一样重要。他说，生活在贫穷社区内的人们想要得到一个学习和发展他们自己的机会，现在没有什么能够比互联网更能有效地传递和获取知识。因而，要积极创造条件发展以信息技术为依托的"开放式大学"，包括电视教育、远程教育、网络教育、虚拟大学等，最大限度地开发知识获取渠道，迅速强化全社会的知识发展能力，巩固文化软实力的基地。

5. 积极吸收借鉴国外优秀文化成果，推进文化"走出去"，扩张文化影响力

党的十七届六中全会《决定》提出，要积极吸收借鉴国外优秀文化成果，学习借鉴一切有利于加强我国社会主义文化建设的有益经验；一切有利于丰富我国人民文化生活的积极成果；一切有利于发展我国文化事业和文化产业的经营管理理念和机制，加强文化领域智力、人才、技术引进工作等内容。这对于增强中华文化实力，扩大中华文化与世界各民族文化的交流范围和影响，有着十分重要的意义。我们要深入贯彻《决定》的这一精神，以开放的姿态、探索的精神，积极吸收借鉴国外优秀文化成果，壮大自身的文化实力，提升国际影响力。

广西毗邻东盟，地缘相连，文化相近，交往历史悠久，在历史长河中，广西与东盟国家在交往过程中形成了相互合作与学习借鉴的习惯与传统，因此，在积极吸收借鉴欧美、日韩等国外优秀文化成果的过程中，广西会更多地注意吸收借鉴东盟国家的优秀文化成果。2005 年 8 月，中国与东盟正式签署了《中国与东盟文化合作谅解备忘录》，这是中国与区域组织签署的第一个有关文化交

流与合作的官方文件。2007年1月,中国与东盟签署了中国—东盟自由贸易区《服务贸易协议》,这就从法律上为中国与东盟各国开展文化生产和文化服务合作提供了保障。在新形势下,广西要积极组织力量调研东盟文化和社会发展经验和特点,进一步拓宽对外文化交流和文化合作的渠道,建设好中国—东盟文化产业(传媒)人才培养基地、中国—东盟国家级数字出版基地等重大项目,并筹建中国—东盟文化研究与交流(培训)基地拓宽文化交流和产业合作的空间和领域。广西在2004年—2012年里每年举办的中国—东盟博览会,既是中国与东盟的商贸平台,更是文化交流、合作的大平台,广西应很好地利用中国—东盟自由贸易区建设的时机和中国—东盟博览会的平台,积极吸收国外优秀文化成果,在文化交流合作中扩大中华文化和广西文化的影响,增强广西的文化实力和国际影响力,推动中华文化、广西文化走向世界。

6. 奋力发掘人力资源,壮大文化生产力

人是生产力的第一要素。增强文化软实力,人才的作用尤其重要。必须大力发掘人力资源,加快壮大广西的文化生产力。

(1) 贯彻以人为本的科学发展观,牢固树立尊重人才、尊重创造、尊重文化、尊重知识产权的观念。在人才开发领域,以人为本的思想首先体现在正确的人才观上,即:科技人才与文化人才一个样,创意人才与经营人才一个样,外地人才与本土人才一个样。紧密围绕培养人才、吸引人才、用好人才三个环节,用事业造就人才、用环境凝聚人才、用机制激励人才、用法律保护人才。

(2) 制订文化人才资源开发规划,实施引进和激励人才的优惠政策。动员全社会参与社会主义文化建设,用好体制内人才,发掘民间文化人才,借助外地人才;允许个人以其拥有的文化品牌、创造成果、科技成果和管理经验等作价入股;要采取科学合理的办法,重奖贡献突出的文化工作者。

(3) 加大人才培养和引进力度。一方面积极引进区外的文化产业创意人才和管理人才,通过各项政策和激励措施吸引区外人才来桂创业和本地人才脱颖而出;另一方面,以高校为重点创建文化人才培训基地,加强本土人才青年人才的培养,推动人才加快成长。

（4）合理配置人才资源,优化人才结构。要充分运用好现有人才,善于做好现有人力资源和智力要素在文化领域里的合理布局,引导优秀人才向文化管理、文化创意产业、重点文化产业项目和高效益高收入领域转移,使其在文化各个领域里实现创业成功,带动广西文化事业和文化产业的大发展大繁荣。

五、文化软实力促进广西经济社会发展的实施途径

面对当今世界科技进步日新月异,全球经济与社会发展大环境发生的重大变化,面对把广西建设成为在全国有较大影响力的区域文化中心、中国—东盟文化交流的枢纽、中国文化走向东盟的主力军和民族文化强区的时代重任,我们认为,应当通过如下途径大力提升广西文化软实力,以促进“十二五”时期广西经济社会的强力发展。

（一）大力推进社会主义核心价值体系建设,引领社会思潮、促进和谐社会建设

2006 年 10 月,党的十六届六中全会通过的《中共中央关于构建社会主义和谐社会若干重大问题的决定》,第一次明确提出了“建设社会主义核心价值体系”这个重大命题和战略任务。胡锦涛同志在党的“十七大”报告中指出:“建设社会主义核心价值体系,增强社会主义意识形态的吸引力和凝聚力。”党的十七届六中全会《决定》提出:社会主义核心价值体系是兴国之魂,是社会主义先进文化的精髓,决定着中国特色社会主义发展方向。要推进社会主义核心价值体系建设,巩固全党全国各族人民团结奋斗的

共同思想道德基础。坚持用社会主义核心价值体系引领社会思潮，在全党全社会形成统一指导思想、共同理想信念、强大精神力量、基本道德规范。

国家的发展与繁荣，需要有国民普遍认同的价值体系来维系。当代中国的文化体系，其核心内涵、起主导作用的就是社会主义核心价值体系。它是维系社会团结和睦的精神纽带、推动社会全面发展的精神动力、指引社会前进方向的精神旗帜。

社会主义核心价值体系是社会主义意识形态的本质体现，是社会主义制度的内在精神和生命之魂，是引领社会思潮、促进和谐社会建设的人文精神基石，它揭示了我国社会经济、政治、文化的发展动力，体现了富强、文明、和谐的发展要求，反映了全国各族人民的核心利益和共同愿望。随着我国社会经济成分、组织形式、就业方式、分配方式和利益关系日趋多样化，人们思想活动的独立性、选择性、多变性和差异性逐渐明显，社会思想空前活跃，人们的价值观也呈现出多样化趋势。因此，社会主义核心价值体系的确立，为全社会提供了科学的价值标准和行为规范，树立引领各种社会思潮的旗帜。

社会主义和谐社会建设，必须将社会主义核心价值体系建设贯彻始终。首先，社会主义核心价值体系为和谐社会建设提供了坚实的价值基础。在基本价值层面上倡导普遍的社会公德，即为社会主义荣辱观，这是建设社会主义和谐社会的价值基础。其次，社会主义核心价值体系为和谐社会建设提供了强大的精神支撑。以爱国主义为核心的民族精神和以改革创新为核心的时代精神，已深深熔铸在中华民族的价值理念之中，熔铸在民族的生命力、创造力和凝聚力之中，为和谐社会建设提供了强大的精神动力。再次，社会主义核心价值体系为和谐社会建设奠定了广泛的群众基础。建设中国特色社会主义是全国各族人民的共同理想，它将国家的发展、社会的进步、民族的振兴与个人的幸福紧密联系在一起,把各个民族、各个阶层、各个群体的共同愿望有机结合在一起,从而保证了全体各族人民在政治思想上与实践行动上的高度一致。

广西各族人民在长期的历史发展过程中,相互交融,和谐相处,共同建设起祖国南疆一片美好的土地。新中国成立以来,各族人民团结在中国共产党周围,把广西建设成为民族团结的模范省区。在新的历史时期,5000 万广西人民以社会主义核心价值体系建设为动力,一定能建造起更为和谐幸福的家园。

（二）强化社会生产力的科技水平和能力素质

当今社会,科技水平和能力素质已成为生产力发展的关键因素。在全球化的今天,世界各国的竞争,最为重要的是劳动者的科技水平和能力素质的竞争。美国劳工部对劳动力市场进行了分析和调查后提出:在当今技术时代,人们从事任何职业都应具有五项基本能力,即:合理利用与支配各类资源的能力,处理人际关系的能力,获取信息并利用信息的能力,综合与系统分析能力,运用特种技术的能力;三种素质,即:基本技能,思维能力,个人品质。因此,提升文化软实力必须强化社会生产力的科技水平和能力素质。

第一是思想素质。要大力培育劳动者的主人翁思想,让他们在实际工作中不仅要有强烈的事业心和高度的责任感,认真负责地做好本职工作;而且要有良好的职业道德和集体观念,要把个人利益和集体利益统一起来,积极主动地进行创造性的劳动。每一个人都用心为社会添好自己的那一块砖,出好自己的那一分力,尽好自己的那一份责任,共创美好的未来。

第二是知识素质。劳动者科学文化素质的高低,直接影响着劳动者生产能力的高低,影响着物质生产力的状况。在知识经济和新经济时代,社会急剧变化,知识迅速更新,要提高社会生产力,必须首先提高劳动者的知识素质。知识素质所要求的不仅仅是需要劳动者有一技之长,更需要他们能够做到思想道德、知识结构、人文素养等方面的全面提升,从而协调发展。要把提高劳动者的知识素质提升到国家战略的高度来看待。无论是政府还是劳动者个人,为此都要有投入,有动作,出成效。

第三是能力素质。能力素质是劳动者综合实力的体现,必须加强劳动者能力素质的培养。第一是培养他们的观察能力,使他们具有敏锐的观察能力,能及时发现问题并能够有针对性地解决问题。第二是培养操作能力,使他们具有较强的、熟练的操作能力,能既快又好地完成具体任务。第三是培养分析能力,使他们在生产过程中遇到一些新情况和新问题时具备一定的分析能力,能正确认识这些问题并找出解决问题的办法。第四是培养应变能力,使他们在碰到一些预料不到的突发性事件时能根据实际情况作出积极响应,及时、合理地处置。

第四是学习素质。在知识经济和新经济时代,知识急剧更新、信息急剧爆炸。这就意味着在知识经济和新经济时代里,谁掌握了知识和信息,谁就拥有了未来。这就对劳动者提出严厉的要求:要适应时代的要求,做一个合格的劳动者,必须学习、学习,再学习。提高劳动者的学习素质,是解决他们会不会学的问题。学习素质差的人,不懂得学习,更不善于学习;而学习素质好的人,善于学习,时时处处注重学习。善于学习是当代劳动者不可缺少的重要素质。

第五是身体素质。劳动者需要有一个良好的身体素质以胜任繁重的工作,他们必须注意锻炼身体,始终保持健康的体魄和旺盛的精力,这是做好一切工作的基础条件。

(三) 为经济社会发展建造“智库”

知识经济和新经济时代,文化软实力逐渐凸显其价值,而文化软实力的提升,必须发展建造提升文化软实力的“思想工厂”——智库。

首先,适应时代变革,需要人们不断更新思想观念。作为改革开放的引导者的党委和政府领导，同样需要不断更新观念，虚心听取不同观点与意见，切实转变“我是老子”的工作作风。营造智库生存与发展的良好政治生态环境，始终保持谦逊的姿态听取来自智库的客观、中肯、独立的意见和建议。这是保持科学客观地了解世界和判断形势的重要途径和方法。

其次，建立专家咨询委员会，建立咨询专家库。咨询专家库应做到信息全面、准确，并实行动态管理，及时更新有关信息，包括及时收集新的有关专家的情况等。专家咨询委员会应是一个相对固定的矩阵组织，其人员精干、结构合理、任务明确、责权具体。该委员会组织机构采取“紧密—松散”的模式运作。所谓紧密，委员会秘书处是常设机构，负责组织联络各方面专家学者。所谓松散，专家咨询团没有固定人员，以项目组或课题组的形式组合，完成报告即可解散，再根据下一个项目或课题重新组合。有如下几个方面的具体要求：(1) 优化专家咨询委员会(团)的结构，使咨询委员会(团)成员在年龄、专业、智能和区域等方面做到长短互补。(2) 用制度规范专家咨询委员会成员的活动方式，保证各项咨询活动积极、有效、有序地进行。(3) 专家咨询委员会对其成员要进行实时培训，不断增强咨询人员的政治责任感、时代使命感和咨询业务能力。(4) 把专家咨询委员会各成员专家所作出的贡献及时反馈给所在单位并向社会公布，以增强专家的光荣感和责任感，更好地服务于党委、政府和社会。

(四) 辅助党委政府决策

党的十七届六中全会《决定》明确指出：要提高科学决策、民主决策、依法决策水平，加强党委决策咨询工作，做好重大问题前瞻性、对策性研究，广泛听取党员、群众、基层干部意见和建议，发挥咨询研究机构、专家学者、社会听证在决策过程中的作用，落实重大决策报告制度，健全决策失误纠错改正机制和责任追究制度。实现广西各级党委、政府决策科学化、民主化，既是现代化的内在要求、人民群众的共同愿望,也是社会主义民主政治建设的重要任务。而实现广西各级党委、政府决策科学化、民主化的一个重要保障,就在于充分发挥专家在广西各级党委、政府决策中的辅助作用。

首先,既要充分依靠专家而又不过度依赖专家。决策者必须深刻认识到专家在广西各级党委、政府决策中的重要作用,要有强烈的专家咨询意识,充分依靠专家、发挥专家在广西各级党委、政府决策中的辅助作用。其作用归纳有三点:(1)专家咨询可弥补广西各级党委、政府决策主体时间和精力的不足,避免单靠决策主体决策容易产生的差错。(2)专家咨询可弥补广西各级党委、政府决策主体学识和能力的不足,帮助决策主体实现知识与政治权力的融合,综合运用多学科的知识和技术作出科学决策。(3)专家咨询可弥补广西各级党委、政府内设的调研机构的不足,既可以帮助广西各级党委、政府承担其内设机构难以承担的涉及面广、工作量大的重大宏观战略研究任务,又可以不受决策主体的约束,更加客观地提出咨询意见。在充分尊重专家咨询意见建议的前提下,广西各级党委、政府决策主体依靠专家不能变成依赖专家,被专家左右,丧失自身在决策中的主体作用、决定作用。

其次,建立和健全专家辅助决策机制。这是充分发挥专家在广西各级党委、政府决策中的辅助作用的根本。(1)将专家咨询纳入决策程序。要进一步用制度明确规定,广西各级党委、政府的重大决策,在拟定决策方案过程中,抑或选择决策方案之前必须经过专家咨询这一环节,做到重大决策先咨询后决策,从决策程序上确保专家咨询落到实处。(2)建立和健全决策风险责任机制,明确规定各类决策的主体所应承担的风险责任,并制定相应的责任保证和追究措施,同时,还要建立和健全决策者离任后的责任追究制度,防止和避免出了重大责任问题异地为官的现象。(3)建立和健全专家咨询立项机制。为促使专家能够不断如期作出质量好、水平高、价值大的咨询研究成果,广西各级党委、政府应建立和健全专家咨询立项制度,根据本地区经济建设、社会发展及党委、政府遇到的重大问题提出研究课题指南,明确课题研究的数量、质量、指标、时限、经费、条件及责任。(4) 建立和健全专家咨询成果购买机制。对于切实解决经济社会发展中重大问题、疑难问题,或对经济社会发展贡献较大的咨询报告,要按质论价,政府进行购买。

再次,着力抓好专家咨询成果的利用和转化。这是充分发挥专家在广西各级党委、政府决策中的辅助作用的突破口。(1) 要防止和克服两种错误倾向:一种是把专家咨询成果搁置一边,装门面、做样子,为咨询而咨询的形式主义;另一种是照搬照抄专家咨询成果,把专家咨询成果当作决策本身,成为专家咨询成果的"收发室"的教条主义。(2) 要审定专家咨询方案的科学性和可行性。实质是要审定专家咨询方案是否符合客观事物的本质、发展规律及主客观条件。这是利用和转化专家咨询成果的首要环节。(3) 要评价专家咨询方案的有用性。实质是对咨询方案作决策价值评价。这是利用和转化专家咨询成果的非常重要的一环。(4) 要把专家咨询方案的科学性、可行性与有用性统一起来。咨询方案的选择,既要以咨询方案的科学性、可行性为基础,使决策符合事物发展的客观规律和现实条件,又要以咨询方案的有用性为基础、使决策满足决策主体的需要。

(五) 创新文化经济形态推动经济发展模式转变

经济发展模式转变是广西应对我国乃至全球需求结构重大变化的必然要求,是提高广西软实力与可持续发展能力、在国内与国际竞争中抢占制高点、争创新优势的必然选择。因此,一定要充分认识创新文化经济形态推动经济发展模式转变的重要性、必要性和紧迫性。对广西而言,经济相对欠发达,传统经济比重过大,人均指标落后,区域发展不平衡,经济增长方式粗放的基本省(区)

情难以根本改变,将成为今后相当长一个时期需要重点思考和破解的难题,而破解这些难题的一个有效途径就在于创新文化经济形态、推动经济发展模式转变。

文化的力量,总是“润物细无声”地融入经济、政治、社会的力量中,成为经济发展的“助推器”、政治文明的“导航灯”、社会和谐的“粘合剂”。文化是经济的灵魂、是经济发展的内在动力,逐渐获得全球共识。当今社会,文化经济已经成为衡量一个国家或地区经济社会发展程度的重要标志。西方发达国家的文化经济在国民经济中的比重越来越大,文化经济正成为霸权的一种表现形态,如好莱坞大片夹带着美国价值观对全球的影响越来越大,其作用已超过美国核动力航母。作为具有巨大战略意义的新经济,文化经济以创意为源头,以内容为核心,以技术为手段,以市场运作为推手,将高技术化与高文化化有机整合,成为转变经济发展方式、构建现代产业体系的有力抓手。文化经济日益成为国家和地区经济综合竞争力和可持续发展能力的基础指标和关键因素,成为21世纪中国经济全面持续协调发展的最重要的支柱产业之一。不论是从经济增长的角度,还是从社会文明进步的角度看,广西都应该从经济社会持续、健康、协调发展的高度,创新文化经济形态,推动经济发展模式转变,大力培育和促进文化经济的发展,把发展文化作为新阶段经济发展的重点,加快构建特色鲜明、结构优化、技术先进、品牌名优的文化经济体系。

文化不仅是国家的凝聚力、民族的向心力、事业的创造力,更是经济的驱动力、支撑力,是发展经济不可忽视的重要组成部分,是能提升国家和地区参与世界竞争的“软实力”。而文化经济早已表现为越来越强大的产业实体,它在创造巨大社会效益的同时,也正在创造着巨大的经济效益,成为经济社会发展的新引擎。随着知识经济的兴起和信息技术的发展,出现了经济文化一体化发展的新趋势,文化与经济的结合越来越紧密,文化因素在经济生活中的影响越来越显著。文化经济具有广泛的关联度,与国民经济各个产业部门正在发生普遍的渗透和融合,在优化提升产业层次、提高经济发展质量中发挥着重要的作用。

创新文化经济形态推动经济发展模式转变,应从以下方面着手。

第一,解放思想,转变各级党委、政府的观念,充分而深刻地认识创新文化经济形态是推动经济发展模式转变的重要方式,树立发展"大文化"的经济观念,把文化经济真正作为地方社会经济发展的支柱,作出科学的发展规划,把加快文化经济发展作为一项重要的战略任务,纳入任期目标,作为评价地方发展水平、衡量经济发展质量和领导干部政绩的重要指标。

第二,深化体制机制改革,加强宏观调控和管理,建立健全文化经济统筹协调机制,激发文化经济发展的内在活力。广西现阶段文化经济发展的根本制约,仍然是体制机制问题。要通过深化文化体制改革,解放和发展文化生产力,构建现代产业体系,为文化经济发展提供有效的条件、支撑和保障。要通过体制机制创新,形成完善的文化经济宏观管理体系和统一、开放、竞争、有序的现代文化市场体系;按照增加投入、转换机制、增强活力、改善服务的要求,建立健全竞争、激励、约束机制,为各类文化企业发展创造平等竞争的环境。要放宽市场准入限制,积极推进文化服务业市场化、社会化的进程,把隐性的服务转化为市场化、社会化的服务,培育出真正意义上的符合市场经济要求的文化管理体制。

第三,探索建立适应文化经济发展的投融资体系,建立健全多元化投融资体系,加大文化经济的投资规模,促进文化产业结构优化升级,增强发展后劲。一是认真贯彻落实国家现行的文化经济政策,进一步加大政策扶持和执行力度,在资金投入、立项、用地、税收、价格、融资、社会保障等政策方面支持其发展,引导文化产业的资本、技术、信息、人才等资源的集聚和发展。二是建立多元化的投融资机制，建立健康发展的保障体系，发展文化投资风险基金，探求适应文化经济发展特点的融资方式，要研究探索通过建立"文化产业发展基金""文化产业创业投资基金""文化产业风险投资基金"等方式，吸引更多社会资本参与文化产业发展，逐步建立多元化、社会化、公共化的投融资服务体系。三是在投资方式上，建立适应现代文化经济发展要求的投融资体制，打破所有制限制，降低门槛、放宽准入，形成文化经济发展多元化投资格局，形成政府投入与社会投入相结合的投入机制，逐步形成多种经济成分、多种经营方式、多层次、多渠道、多体制办文化产业的新格局，真正实现文化产业投资主体的多元化、社会化。

第四，积极推进文化经济园区建设，以园区建设带动地方文化产业发展。要根据广西不同城市和区域特点，按照政府协调、市场化运作的模式，积极引导支持有意向、有能力的机构、企业和社会中介参与文化经济园区建设。把文化经济园区和文化产业示范基地建设作为促进和推动全区文化经济发展的"孵化器"，以具有比较优势的文化产业领域为重点，以大型文化企业为主体，以区域文化品牌为依托，培植一批特色鲜明的文化创新集聚区，推动文化产业集约化、规模化、品牌化发展，推进文化产业资源集聚和产业融合，促进文化产业升级，推动文化内容与高新技术的结合，使文化产业从劳动密集型向技术密集型转变，从低附加值向高附加值转变。全区每个地级市都要根据自身实际建设一个文化经济园区（基地）、培育一个优秀企业、打造一个优秀文化产品、举办一个文化展会活动，从而形成文化品牌。同时，协调好不同的文化经济园区间的有机联动，形成文化与旅游、信息、体育等相关行业产业园区联动发展的有效机制和良性环境，形成产业园区龙头和合力的效应。

第五，加快构建文化经济服务体系，引导和培育文化消费。精神文化产品的生产与消费之间的良性循环，是经济发展的原动力之一。随着社会生产力的迅速发展和消费市场的不断扩大,迈入小康生活门槛的人们将更多地关注文化、精神、心理上的需要。这就对文化产品与文化服务提出新要求。因此,必须加快培育大众性文化消费市场,创新文化产品和服务,充分挖掘利用好各地具有特色的文化资源,开拓新的文化消费领域,开发新的文化消费项目,促进消费结构的换代升级,以满足居民文化消费需求。必须大力发展公益性文化事业,以大型公共文化设施为重点,以社区和乡镇基本文化设施为基础,完善公共文化设施网络布局,构建覆盖城乡、惠及全民的公共文化服务体系。

第六,全面实施人才战略,为文化产业的可持续发展积蓄人才资本。文化经济的竞争实质是人才竞争。文化人才是文化经济的重要资源和发展动力,能否拥有既懂文化又懂市场运作的人才群体是文化经济发展的关键。目前,文化人才匮乏已成为制约广西文化经济发展的瓶颈。因此,要大力引进各种优秀的经营、管理人才,尤其是要重点引进文化产业经营管理人才,为文化经济发展提供人力资本保证。要创新文化经济人才管理体制,充分发挥市场在人才资源配置中的基础性作用,促进人才合理流动,优化人才结构,充分激发人才创新能力;要创新用人机制,以优良的工作条件、优厚的工作报酬和良好的工作环境,有计划地吸引、聚集国内外一大批高层次文化经济人才和文化名人入桂、驻桂。同时,在广西重点高校开设文化经济专业,加强有针对性的培训教育,为文化经济发展输送高层次人才,整体提升广西文化经济从业人员的素质。

(六)文化产业构成经济发展的新一极

文化产业以其巨大产值和高速发展的趋势,正在成为经济发展的支柱产业。2010 年,中国文化产业增加值达到 11000 亿元规模,占 GDP 比重为 2.75%。中国大地上文化产业百舸争流、万马奔腾,各行业呈现“井喷”式增长:中国电影市场票房 2010 年迈过 100 亿元关口;动漫产业规模 7 年增长上百倍,产量达到 22 万分钟;电视剧自2000年以来,以每年1000集的速度递增,2010年总量达到1.4万集,成为全球电视剧第一生产大国;出版业在过去5年,版权输出总量增长275%,版权引进输出比从7.2∶1缩小至2.9∶1,看书、看报、看电视、听广播、上网、玩游戏……满眼看的、满耳听的,都是文化产品渗透的内容。当文化产业裹挟着信息和情感,铺天盖地、滚滚而来,我们已不能拒绝其存在,甚至还心甘情愿购买精品。如今,在文化产业界已形成共识:文化产品有观众,才有市场;有规模和数量,才有影响力;文化产业可以成为国民经济新的增长点,在转变发展方式中承担更重要的责任。

广西从2010年开始实施打造"千亿元文化产业"发展战略,计划在5年内使文化产业增加值达到千亿元。为此,将实施一批重大文化产业项目和对外文化产业工程,推出一批文化品牌、产品,构建有广西气派的文化产业基地、文化产业园区、文化产业项目集群,使广西成为在全国有较大影响力的区域文化中心,中国—东盟文化交流的枢纽,中国文化走向东盟的主力军、生力军。因而文化产业本身已构成经济中的重要部分,成为硬实力。因此,我们必须通过加快文化产业发展,促进广西经济结构的调整和经济总量的提升。

1. 广东省发展文化产业的经验给我们的借鉴

广东省在全新的文化市场体系推动下,其文化产业规模不断壮大,"聚变"效益明显。据统计,2010年,广东省文化产业增加值为2524亿元,占全省GDP比重5.6%,占全国文化产业比重超过1/4,已连续8年位居各省区市首位。作为经济大省的广东省,在文化改革和发展中,善用发展经济的方式,探索构建现代文化市场体系,从产业链条前端的投融资,到项目对接的中介服务,再到文化产品的交易平台,一直到消费市场的培育,已初步形成文化与经济相互渗透、良性互动的发展态势。

广东省发展文化产业的具体措施:

第一是治好“融资难”这个“致命伤”。金融支持对文化产业的发展，尤其在文化产业起步阶段尤为重要。从2011年开始，扶持文化产业发展的专项资金将每年增加4000万元，预计2015年将达到4亿元的规模。除省级的文化发展专项资金外，广东全省还有7个地级市也相应地设立了文化产业发展的专项资金。财政支持是杠杆，为的是“抛砖引玉”，带动金融机构向文化企业投融资。政府的评估和支持起到了“风向标”的作用，引导社会资金的投入。2010年以来，广东省文资办等文化单位分别与工商银行广东分行、建设银行广东分行、光大银行广州分行、民生银行广州分行签订了“广东文化与金融战略合作”协议。四家战略合作银行为广东省文化产业授信总规模已达1340亿元，初步建立了文化产业与金融机构的战略合作机制。广东还加快探索社会资金对文化产业的进入渠道。2011年3月17日，工商银行广东分行、南方报业传媒集团、南方广播影视传媒集团、工银国际投资管理有限公司正式启动广东文化产业第一项投资基金组建工作。这项文化产业投资基金整体规模为50亿元，将按照80%的资金投向广东省内项目、80%的资金投向文化产业的原则，重点扶持文化企业的兼并重组、股改上市、重点园区和重大项目建设、文化新业态等。

第二是建立文化产权交易平台。搭建文化产业和资本市场之间的桥梁，广东先后成立深圳文交所和广东省南方文交所，大胆创新服务模式，推动文化产业和资本相结合。深圳文交所和广东省南方文交所倾力打造了供各类资本挑选的文化产业“项目池”，为文化产品信息沟通和点对点交易提供了平台。成立至今，两大文交所征集到的项目都超过4000个，交易品种包括影视、出版、广告、演艺、旅游、会展、设计、传媒和动漫行业文化产品的所有权及相关权益的类证券化转让和融资服务，包括文化企业股权交易、文化产品期货及期权、文化产业投资基金和文化产权交易指数等产品交易。同时，深圳文交所和广东省南方文交所还打造了服务于文化产业的“资金池”。成立至今,各家银行向深圳文交所提供了总额达到500亿元的授信,广东省南方文交所也获得银行授信共630亿元,解决了中小文化企业资金难题,为资金与项目搭建了融通渠道。作为中介平台,除了征集项目、汇集资金,两大文交所还为文化企业提供包括企业战略顾问、企业融资、并购、财务顾问、改制、上市辅导顾问、行业技术专业分析、品牌战略的策划等顾问服务,以服务助推交易。

第三是举办文博会破解“产销脱节”难题。深圳文博会自2004年举办以来,经过连续七届的培育,已成为我国文化领域最具实效和影响力的展会,同时也吸引大量资金、项目、技术、人才汇聚深圳,成为引领文化产业发展的“助力器”。文博会最突出的成效之一,就是将产业和经营意识带入了文化领域,使得长久以来受到约束的生产力被释放出来。到2011年,七届文博会已累计成交5025多亿元人民币,有力促进了中国文化产品交易。同时,文博会的投融资功能也进一步增强,2011年5月举办的第七届文博会专设文化交易及投融资功能专区,100多个文化产业投融资项目竞相推介路演,吸引了近400家PE、银行、投行、风投等各类资本机构入场抢“绣球”,实现投融资交易额约75.5亿元,达成投融资意向的交易额约125亿元。

第四是政府引导拉动文化消费。“十二五”期间,广东计划大力开展“文化消费补贴计划”和“国民文化消费卡工程”试点,对人民群众看电影、看戏、看有线电视和购买书籍与音像电子产品等基本文化消费进行补贴,拉动文化消费,从而建设文化服务的可循环消费市场。目前,文化消费计划已在广东一些地区开始探索试行。在进行文化消费补贴的过程中,政府有关部门将对群众文化消费需求进行评估,每年进行民意调查,根据调查结果及时调整补贴的项目。

2. 广西加快文化产业发展的具体措施

"十二五"时期是我国政治、经济、文化和社会发展的战略机遇期。随着国民经济的快速增长和人民收入水平的不断提高,将推动文化产业开拓新的发展空间:新闻出版媒体"整体上市",广电和电信产业稳步推进融合;促进文化产业发展的政策逐步成型,等等。广西文化产业要在这黄金时期取得更大的发展空间,需要把握好发展趋势,借势发展广西文化产业,促使文化产业构成广西经济发展的新一极。

首先,把文化产业发展纳入广西国民经济和社会发展的整体规划之中,使之成为新的经济增长点,要在经济结构的战略性调整中扮演重要角色。国有文化企业要通过战略性重组和资源整合,实现跨行业、跨地区经营,民营企业要通过专业化、企业并购,以迅速成长和提升国际竞争力。

其次,必须深刻领会文化产业的核心是符号、价值和意义的生产,文化产业的核心是内容创意。重点做好传统文化的当代化、当代文化的经典化和大众文化的时代化工作,使科学与艺术、传统媒介与数字媒体、主流文化与草根文化、公共服务与市场消费实现有机融合。

再次,以信息产业带动文化产业结构的战略性调整,文化产业的数字化进程,将成为提升文化产业综合竞争力的主要趋势。数字电视、数码电影,宽带接入和视频点播、电子出版和数字娱乐等新的文化产业群将形成主流,传统文化产业比重过大的问题将在文化产业结构的数字化提升中得到根本性改变。广西要在此次文化产业结构战略性调整中占据有利位置,必须主动参与各类"数字标准"的竞争,以期掌握一定的"话语权"。

最后,主动寻求与其他产业的融合,构筑文化产业新构架,形成与变动中的文化消费取向相适应的新的文化产业动态结构。金融资本与产业资本的融合,信息设备制造业,软件开发业与信息服务业的融合，旅游业与现代农业的融合等十分值得借鉴。

2015 年，广西文化产业将达到 1000 亿元，成为经济发展的支柱性产业。这不仅在文化建设上增加了文化产品，扩大了文化总量，也以扎实的经济数据，为文化软实力融入了“硬”的元素。

综上所述，我们要深入学习党的十七届六中全会《决定》，深刻理解我们正处于的时代和肩负的责任，把握好先进文化的前进方向，进一步提高我们的文化自觉和文化自信，大力推进社会主义文化建设，推动社会主义文化大发展大繁荣。在发挥出文化本身的凝聚力、引导力和感染力的同时，发掘出文化中蕴含着的巨大的物质力，发挥出应有的影响力，使广西的文化软实力有一个快速的提升，成为广西发展的强大动力，以有效促进“十二五”时期广西经济社会快速发展。我们为此将加倍努力，更快地前行，奔向建设社会主义文化强国和民族文化强区的宏伟目标。

第三章

文化参与中国—东盟自贸区建设研究

以文化认同理念发掘中国—东盟合作发展文化产业的巨大资源①

中国与东盟各国在各自的历史发展进程中形成了多样与多彩的民族文化，共同构成了亚洲文化的重要内容和绚丽景观。由于民族起源、人口迁徙、习俗影响和文化交流等原因，中国与东盟各国在历史发展进程中，也形成了一些跨国界多民族所共有的文化形态与文化认同理念，其中涉及国别和人口较多、影响较大，与中国又有较密切联系的，有那文化、儒佛文化、华人文化三种。文化认同指的是民族、国家或区域范围内的共同的文化心态。这是一种在历史的长期发展过程中形成的文化心理状态，一种“集体无意识”的东西。它通过语言、文字、建筑、服饰、行为方式、风俗习惯、宗教信仰、价值观念等方面体现出来。文化认同是区域文化发展的基础，是跨区域文化交流的桥梁，是区域经济合作尤其是跨行政的区域经济合作的“黏合剂”。它以丰富的内涵，在人们的交流中引发共识，在人类的相互沟通中引起共鸣，在一定条件下，可以引发和聚集起强烈的情感和力量。

中国和东盟各国具有的那文化、儒佛文化和华人文化，具有中国与东盟多国共具的文化认同理念，蕴藏了巨大的文化产业资源，是中国与东盟各国合作发展文化产业的重要基石。

① 本文为2007年11月8日在“2007中国—东盟文化产业论坛”作的主题演讲。

一、中国与东盟各国共具的三大文化

（一）具有上万年历史以生物人种基因和稻作生产机制建构的那文化

壮族是中国第二大民族，与中国傣族、布依族和越南侬族、泰国泰族等东南亚民族具有人种学意义上的胞亲关系，具有相同或相近的生物基因。远古时代生活在泛北部湾区域的中国南部和东南亚中南半岛北部的骆越人，是这些民族的共同祖先。据范宏贵教授的研究成果表明，壮族与东南亚国家越南、老挝、泰国、缅甸4个国家以及南亚的印度共20个民族有亲缘关系，其中与越南的岱族、侬族、拉基族、布标族、山斋族的关系最为密切，属亲兄弟关系，与其他15个民族，属堂兄弟关系。① "那"（或"纳"），在这些民族的语言中是"水田"的意思。他们以在水田中耕种水稻为生，由此形成了"那"文化，又称稻作文化。那文化体现在泛北部湾区域多国多民族长期形成的生产制度、家庭制度、生活习俗、宗教信仰以及语言、地名等多方面，有万年以上的历史，是跨国界多民族具有丰富内涵的文化生态圈。

（二）具有上千年历史以社会历史基因建构的儒佛文化

儒佛文化可细分为儒家文化和佛教文化。儒家文化是中国文化的精髓，有2000多年的历史。它不但在中华民族发展史上发挥了重大作用，也深刻地影响了东南亚、东亚以及华人聚居较多的国家的文化，如越南、朝鲜、韩国、日本、新加坡等。越南在文化思想、语言文字、风俗习惯乃至政治制度等方面受中国的影响很深，越南文化深深地打上了中国文化的烙印。新加坡和马来西亚由于其国

---

① 范宏贵：《壮族在东南亚最亲密的兄弟》，《广西民族学院学报》，2005年第1期。

内有众多的华人,他们对儒学文化传统特别是伦理道德推崇备至,将之作为其遵循的道德准则。这构成了亚洲东部由北到南一条极长的跨国界多民族的文化带。佛教文化以印度传入的大乘佛教为代表,公元纪年前后传入中国,后逐渐演变为中国佛教。2000 年来,佛教在中国影响广泛,以后又传入日本、朝鲜和东南亚多国。传入东南亚的地域以中南半岛 5 国和新加坡为主。佛教文化是东南亚主要文化形态之一。

(三) 具有上百年历史以民族心理结构建构的华人文化

华人离开中国迁徙东南亚的时间主要在 19 世纪和 20 世纪,已有 100 多年历史,在东南亚和世界各地构成了独特的华人文化。华人文化以汉语汉字、饮食习惯、节庆民俗、宗亲乡谊为其内容和特征,与中华文化有着十分密切的联系。

二、三大文化构成巨大的文化产业资源库和经营空间

(一) 覆盖宽阔的地域、众多的人口正孕育成市场

那文化的人文地理分布十分广泛。据广西民族大学翟鹏玉的介绍,仅以“那”字地名界定,那文化的地域,北界可以定在云南宣威的那乐冲,北纬 26 度;南界是老挝沙湾省的那鲁,北纬 16 度;东界是广东珠海的那州,东经 113.5 度;西界是缅甸掸邦的那龙,东经 97.5 度。① 实际涵盖地域应当更广,包括中国的广西、云南的大部,广东、湖南、贵州、海南的一部分,东南亚中南半岛 5 国。涉及人口约 1 亿。

儒佛文化的分布更为广泛,中国,东亚日本、韩国、朝鲜 3 国,东南亚越南、老挝、柬埔寨、泰国、新加坡 5 国以及马来西亚的一部

---

① 翟鹏玉:《“那”生态文化资本的历史运演及其对中国—东盟文化交流的作用》,《贵州民族研究》,2005 年第 6 期。

分，均可归入儒佛文化的覆盖之下，涉及人口16亿左右。

华人文化分布在东南亚大部分国家。东南亚是世界上华侨华人最集中、人数最多的地区，有2000万人以上。华人文化以在新加坡、越南、马来西亚等国较为集中、影响更深。

宽阔的地域，众多的人口，孕育着巨大的文化产业市场和消费群，文化产业发展的前景十分诱人。

（二）蕴涵宽阔的文化产业经营空间

近几年来，文化产业在中国和东南亚的新加坡、泰国等国有了一定的发展，但相对于日本、韩国和西方发达国家，从总体上说，文化产业的发展还不发达。东南亚各国之间和中国与东南亚各国的文化贸易只是刚刚起步，国别之间的文化产业合作大致是处于资源开发和战略规划阶段。丰富的文化资源，尚未得到开发、整合。2006年9月18日—19日在中国南宁召开的"首届中国—东盟文化产业论坛"，来自中国和东盟10国的文化官员、文化产业专家学者和企业家，就中国和东盟各国文化产业的发展与合作进行了广泛深入的讨论。各方表示，要将论坛打造成为本区域内文化产业信息交流、产品展示和项目合作的综合平台。在论坛闭幕式上，各国代表共同签署了《中国—东盟文化产业论坛南宁宣言》（以下简称《宣言》）。《宣言》认为，文化产业是21世纪的朝阳产业，能够创造巨大的社会财富，文化产业将成为中国和东盟各国经济发展的新动力，对推动各国国民经济发展具有重要的战略意义。中国和东盟各国在地理上相邻，拥有丰富多彩、各具特色的文化资源，同时拥有不断增长、潜力巨大的文化消费空间，这是各国合作加快发展文化产业的坚实基础。此次论坛，建立了中国和东盟各国之间的文化产业对话机制，为本区域内文化产业信息交流、产品展示和项目合作搭建了一个重要平台，对于"文化产业作为经济发展的新动力"达成了普遍共识。中国与东盟10国孕育了巨大的产业经营空间。

（三）容纳丰富的文化产业项目

开发三大文化资源，可以形成丰富多样的文化产业项目。如那文化中的远古骆越人遗址和崖画、铜鼓等遗产的保护与开发、民俗民居的展示展览、民族工业品的制作、民族音乐舞蹈艺术的发掘与再创造、音像制品制作和发行，等等。儒佛文化中的民间节庆活动、佛事活动的组织、儒佛文化经典的著述出版、汉字和汉文化的教育产业经营、影视剧制作和发行，等等。华人文化中的旅游观光、节庆活动、广播电视节目开发、报刊经营、咨询与中介业务经营，等等。

三、以三大文化理念开发中国—东盟合作发展文化产业资源的实例分析

广西处于中国华南经济圈、西南经济圈和中国—东盟经济圈的结合部，作为泛北部湾区域的核心地和中国—东盟博览会的永久举办地，正日益成为中国—东盟区域交流合作的重要基地，逐渐显示其重要性。广西与东盟文化同源，传统文化交流源远流长，独有的地缘、亲缘和人文关系，有助于开展双边文化交流和文化产业合作。这里以广西壮族自治区为例作文化产业资源开发和合作的实例分析。

（一）围绕那文化开发文化产业资源

那文化的产业资源开发以寻根、联谊为内核，以遗产保护与开发、节庆活动、民族艺术对外交流等为载体。广西正在开发、经营并有望与东盟合作开发的项目有：

1. 花山崖画的保护与开发。花山崖画，是大约2000多年前古代骆越人绘制在今中国广西南部的崇左市宁明县左江流域两岸大石山崖壁上的图画。她是壮族先民智慧和才艺的结晶，也融有那文化圈各民族的丰富的文化内涵，是人类弥足珍贵的文

化遗产。围绕花山崖画的保护与开发,中国与东盟国家形成了良好的合作基础。

2. 壮族始祖遗址的开发与朝拜。目前,与壮族始祖相关的遗址主要有两处:一是广西南部田阳县敢壮山,此处被认为是壮族始祖布洛陀的遗址,当地民众每年都会举行盛大的祭祖朝拜活动;二是花山崖画,花山崖画被认为具有民族图腾的意义,蕴含那文化本源的内涵。这两处遗址,对于中国和东盟那文化民族而言,具有寻根、溯源、祭祖、朝拜的功能,能开发成国际性文化产品。

3. 铜鼓的保护与研究。铜鼓是中国和东盟那文化民族先民创造的精美器物,在历史上具有实用和艺术的双重价值。今天,铜鼓仍在泛北部湾区域一些地区的民众中被收藏,具有文物和工艺品的价值,少数边远地区民族村寨的民众有时在节庆活动中还会使用铜鼓。开发铜鼓的文物和工艺品价值,可以成为中国与东盟国家文化产业合作的又一主要途径。

4. 电视剧拍摄与播出。中国的电视剧在越南有很好的市场。广西在20世纪90年代拍摄的《诱人的沙糕》和《边贸女人》等电视剧,也在越南有较好的影响。中国和东盟各国有相近的发展历史,广西与东盟各国的地缘、亲缘和人文关系更近,合作拍摄电视剧有良好的人文基础和条件,前景广阔。

另外,在非物质遗产发掘和保护基础上的产业开发;在民族歌舞的发掘、创造基础上的演艺业的开发;在学术交流和教育产业方面的开发;等等,中国与东盟各国均可以开展良好的合作。

(二)围绕儒佛文化开发文化产业资源

儒佛文化的产业资源开发以朝拜佛圣、慰藉心灵、教育科研为内核,以节庆、出版、影视、教育、学术交流等为载体。适宜开发的资源主要有:

1. 民间节庆活动。在节日里朝拜佛圣,是泛北部湾文化圈民间百姓的重要民事活动。广西桂平市的西山,每年迎来众多的佛教徒和香客,形成了西山浴佛节。在东南亚中南半岛的几个国家,佛教节庆活动也很多,泰国有佛诞节、安居节等,柬埔寨有佛诞节、加顶节等。将民间节庆活动发展为节庆产业,是中国与东盟合作发展文化产业的重要途径之一。

2. 古籍整理和出版。广西有较强的出版实力,整理出版包含儒佛文化在内的中国传统文化古籍,在中国和包括东北亚、东南亚的大部分地区的图书市场,有着长期、稳定的销售收入,有待我们继续开发。

3. 教育与学术交流。儒佛文化博大精深,影响久远,有着多层面多角度的学术交流空间。围绕儒佛文化发展教育产业和会展经济,还大有可为。

4. 戏剧、影视剧创作和演出。2006 年,桂林市桂剧团的桂剧《大儒还乡》入选当年的全国十大舞台艺术精品,在海内外上演多场。戏剧和影视作品对于中国与东盟各国在文化交流和产业发展方面,可以发挥重要的传播功能和产业效益。

(三) 围绕华人文化开发产业资源

华人文化的产业资源开发以观光游览、访亲祭祖为内核,以旅游、影视、文化交流、咨询中介等为载体。广西是中国的第三大侨乡,又具有极佳的区位优势,最适宜开发的领域和项目有:

1. 国际性旅游。21 世纪以来,国际性旅游已成为中国旅游业的重要产业构成。广西"十五"以来开展的中—越(北方)、中—泰、中—新、马、泰等旅游线路,取得了较好的旅游收入。入境旅客也在逐年递增。仅桂林市,2005 年入境游客已突破 100 万人。中国的出境旅游大多是当地华人经营,今后仍有广阔的市场经营空间。

2. 观光园区经营。广西山水秀丽、环境宜人,在这里投资建设观光园区十分适宜。20 世纪 90 年代以来,已有不少外资企业进入广西从事观光园区经营。最有成效和影响的是两处台湾企业家经营的园区，一是位于桂林兴安县的乐满地主题公园，另一个是位于桂林市阳朔县的愚自乐园。前者年经营收入6000万元(2004年数据)，后者被评为2004年全国文化产业示范基地。东南亚各国华人文化与中国文化相同，地域相近，经营理念相近，最适宜合作发展观光园区建设和经营。

3. 咨询与中介经营。中国正在实施文化“走出去”战略，文化产业产品和服务要走向国际市场，离不开国际咨询和中介机构的参与。中国和东盟各国正在加大文化的交流互访和文化产品的相互进入，使得中国和东南亚各国的文化咨询和中介服务工作量大增。华人文化将在文化交流和产业经营的咨询、中介服务中发挥重要作用，产生直接的经济效益。

发掘泛北部湾文化生产力，推动中国—东盟自由贸易区框架下的文化产业合作与发展

自2001年11月第五次东盟和中国领导人会议议定在10年内建立中国—东盟自由贸易区以来，中国—东盟自由贸易区建设步伐不断加快。2005年12月12日，中国总理温家宝出席中国与东盟领导人年度会议时提出把交通、能源、文化、旅游和公共卫生确定为双方新的五大重点合作领域。文化正式作为合作专项，提升了双方合作层次。开展中国—东盟自由贸易区建设中的文化及文化产业研究，已成为实施国家发展战略的重大任务之一。

一、中国与东盟具有相同或相近的认同理念和文化形态

（一）中国—东盟区域性认同的强化

中国和东盟各成员国虽然是近邻，但在20世纪的大多数时间里，各自在对外关系上的联系不算十分紧密。这里很大一部分原因是因为在19世纪和20世纪的上半叶里，东盟的大部分国家当时分别处于英、法、日、美和西班牙等国的殖民统治之下，中国也长期处于内战和反抗日本侵略者的战争之中，国家关系主要面向西方发达国家。20世纪下半叶特别是六七十年代以后，世界性现代化进程加快，中国和东南亚各国面临共同的发展问题，区域性合作发展推动了中国—东盟区域性认同的形成与强化。1967年，东南亚印度尼西亚等6国联合成立东南亚国家联盟（东盟）；1995年后，越南等4国加入东盟；2001年，中国与东盟签署《全面经济合

作框架协议》,开始与东盟国家进行经济合作;2003 年 10 月,中国正式加入《东南亚友好合作条约》,中国与东盟开始国家政治合作以及社会、安全、国际和地区事务的全方位合作。至此,中国与东盟在“促进本地区国家间的和平与稳定”,“促进本地区的经济增长、社会进步和文化发展”,“把东南亚国家建设成一个繁荣、和平的社会”①等方面,形成了相同的区域性认同,并紧密联系在一起,结成“面向和平与繁荣的战略伙伴关系”②,共同建设中国—东盟自由贸易区。

这种区域性认同的强化,自然是跟地理的、时代的、经济的和政治的因素相关,但更重要的是有文化认同的维系。没有文化的认同,区域性认同是不完整的,也不会牢固。长期以来,中国与东盟多国共存的文化理念是区域性认同和区域性联盟形成的基石。

(二)文化认同理念下的三种文化形态

中国与东盟各国的交往最早可溯自 1000 多年前。由于民族起源、文化交流、历史传承和风习濡染等原因,中国与东盟各国也形成了一些跨国界多民族所共具的文化形态与文化认同理念。这得到了许多学者的认同,如庄晋财、谢代刚认为,中国与东盟国家具有以下三种共同的社会文化特征:华人文化、儒家文化、汉字文化③,王子昌、潘春见等学者也表述过相似观点④。笔者在 2006 年 9 月出席中国—东盟文化产业合作发展论坛作的主题发言将其归

---

① 东盟《曼谷宣言》(1967 年 8 月 8 日)。转引自古小松主编《中国—东盟知识读本》,广西师范大学出版社,2004 年,第 263 页。

② 《中华人民共和国与东盟国家领导人联合宣言》(2003 年 10 月 10 日)。转引自古小松主编《中国—东盟知识读本》,广西师范大学出版社,2004 年,第 288 页。

③ 庄晋财,谢代刚:《文化视野内的中国与东盟国家经济互动发展研究》,《广西大学学报》,2005 年第 1 期。

④ 王子昌:《文化认同与东盟合作》,《东南亚研究》,2004 年第 5 期;潘春见:《文化促进中国与东盟的经贸繁荣》,《广西民族研究》,2006 年第 1 期。

纳为那文化、儒佛文化、华人文化三种①。三种文化及其文化认同理念,涉及中国与东盟的大部分国家,在这些国家的文化观念上获得普遍的认同。文化认同理念是中国与东盟国家合作互动的重要基础。

（三）泛北部湾文化的特征

中国与东盟各国在各自的历史发展进程中形成了多样与多彩的民族文化,共同构成了亚洲文化的重要内容和绚丽景观。在中国与东盟各国结成区域性战略合作伙伴关系、共同建设中国—东盟自由贸易区的进程中,与区域性认同相伴随,一种新型的区域性文化正在形成,这就是泛北部湾文化。

1. 泛北部湾文化是中国南方环北部湾地区与东南亚国家一体化合作发展的跨国性的区域文化

泛北部湾文化是以中国南方沿海地区与东南亚构成的泛北部湾区域的文化,涉及中国与东盟 7 个国家、几百个民族、数亿人口,是东亚文化圈中的一个亚文化圈。

2. 泛北部湾文化是多元型文化

以中国南方沿海地区与东南亚构成的泛北部湾区域,包含有中华(儒家)文化、印度(佛教)文化、伊斯兰文化、东南亚土著文化等多种文化形态,是一个多元文化并存的区域。泛北部湾文化又具有较大的共同性或类似性。泛北部湾地区是中华文化圈、印度文化圈和伊斯兰文化圈的交会之地。在上千年的历史发展中,上述的多元文化在泛北部湾区域的传播中相互渗透,相互影响,在中国和东南亚国家中各自的面貌都有改变,各自的文化中都包含了其他文化的因子。比如,佛教文化传到中国后,形成了与印度佛教文化不同的小乘佛教。伊斯兰文化在东南亚国家中,由于受中华

---

① 参见李建平:《文化认同理念与中国—东盟文化产业合作发展》,《沿海企业与科技》,2007 年第 2 期。

文化与印度文化的影响，其形态与在阿拉伯半岛的伊斯兰文化也很不一样，伊斯兰文化在东南亚的形态虽然基本的教义不变，但文化形态和教义解释已有许多不同。这种具有许多文化共同性上的文化多元，产生了泛北部湾文化的特色，即多元的风貌、和谐的内涵、发展的价值观和民族特色。

3. 泛北部湾文化是以那文化、儒佛文化、华人文化三种文化形态和文化理念为核心和纽带的区域性认同的文化

泛北部湾文化的多元性中又有共同性，这尤其表现在中国与东盟多国共同具有区域认同的文化形态上，即那文化、儒佛文化、华人文化三种文化。那文化、儒佛文化、华人文化三种文化形态在东南亚大多数国家盛行。例如，中国壮族、傣族、布依族和越南、泰国、老挝、缅甸、印度的近20个民族有亲缘关系，共同构成的以水稻耕作制度为核心的“那”文化（又称稻作文化），体现在泛北部湾区域多国多民族长期形成的生产制度、家庭制度、生活习俗、宗教信仰以及语言、地名等多方面，是包含跨国界多民族具有丰富内涵的文化形态，涉及约1亿人口。而儒佛文化传入东南亚的地域以中南半岛5国和新加坡为主，连同中国南部沿海地区，涉及人口达数亿，若连同日本、朝鲜和韩国，覆盖面则更广。华人文化更是涉及东南亚各国，2010年，全球各国的华人约有2600万，其中90%集中在东盟10国，人口总数约为2412万人。尤其重要的是，华人经济在东南亚国家经济中发挥着重要作用，华人文化影响广泛，大大超出本身的2000多万人口的范围。因而可以说，那文化、儒佛文化、华人文化三种文化形态和文化理念是泛北部湾文化的核心，并成为中国—东盟区域性认同的文化的纽带。

二、以文化认同理念发掘泛北部湾文化生产力是当务之急

中国—东盟自由贸易区建设是经济合作，也是战略合作，贸易

区建设离不开文化生产力的参与和发展文化产业的推动。

(一)世界经济增长模式的改变来自文化的参与

在当今世界政治多元化、经济全球化的形势下,国际势力间的军备竞赛、政治霸权的竞争,正在演变为文化霸权的竞争。文化力已成为衡量一个国家综合实力强弱的标志之一。文化产业是文化力的重要构成成分,它的发展越来越受到人们的重视。在发达国家,文化产业已成为支柱产业。当今的经济,更重要的是形成了与传统工业经济本质不同的经济增长方式的改变。构成经济增长的主要因素,是知识而不是资本。知识和信息,即文化,替代了资本在经济中的主导地位。创新,是资本扩张中最重要的一个元素。据美国联邦储备委员会的调查,美国在 20 世纪 90 年代近 10 年里,“新经济”增长的动力有 2/3 是来自创新。

什么是创新?有学者将当代的创新特征概括为 9 种:理念创新、制度创新、人才创新、知识创新、网络创新、技术创新、投资创新、经营创新、企业文化创新。① 每一种创新,其实都是文化力的体现。

(二)文化力对区域合作发展的巨大作用

文化力是一种凝聚力。共同的文化理念能凝聚起相同文化基因的人们共同朝着一个目标努力,汇聚起巨大的开发力、变革力。这对于区域合作中整合各种政治和社会力量、生产要素和生产资源,有着至关重要的意义。

文化力是导向力。文化代表人类生存的智慧,对未来发展有重要的引导性价值。中国—东盟区域认同和区域合作发展,是中华文化与东南亚文化智慧在当代的升华。泛北部湾文化就是这种文化智慧升华的结晶。它将引导中国与东盟各国实现“本地区国家间的和平与稳定”、“把东南亚国家建设成一个繁荣、和平的社会”的目标。

---

① 吴隆杰:《新经济的创新特征》,《经济时刊》,2000 年第 7 期。

文化力是辐射力。科学技术是第一生产力。文化对经济的辐射,改变了人类的进程。这在几百年前欧洲开始的工业革命中显得尤为清楚。当代高科技的发展,又使人类的经济增长方式发生了改变,人类开始了信息工业时代。

文化力是精神力,也是物质力。文化不仅仅是属于上层建筑的文化,也具有属于经济基础的物质力。过去,文化只是在思想引导和精神支柱上体现自身的社会价值,今天,文化价值已由精神裂变为物质,成为具有精神和物质双重属性的东西。一是文化产业的出现,使人们看到了文化确实在变为实实在在的物质资产。一幅名画可以卖到几千万元。前不久,毕加索的一幅油画《手臂交叉的女郎》拍卖价就达到了 5560 万美元,而这仅仅是世界排名第五的名画价格。专利、著作权、商标品牌、技术标准、互联网域名等,都是实实在在的资产。二是文化经济的出现。智力附加值在产品价格中占的比重越来越大。这种高附加值是以高技术为基础的,但核心不在于高技术本身,而在于高技术的应用和服务。这里的“应用”和“服务”,显然,不是技术,而是文化。

(三) 以文化认同理念发掘泛北部湾文化生产力

1. 发掘资源与市场

通过中国—东盟区域认同文化理念,可以发现,泛北部湾区域有着宽阔的地域、众多的人口、丰富的资源,并正在孕育着巨大的市场。

2. 开拓文化产业经营空间

通过中国—东盟区域认同文化理念,可以发现,中国—东盟合作发展文化产业有着巨大的经营空间。2006 年 9 月 18 日—19 日,在中国南宁召开的“首届中国—东盟文化产业论坛”,来自中国和东盟 10 国的文化官员、文化产业专家学者和企业家就中国和东盟各国文化产业的发展与合作进行了广泛深入的讨论,对“文化产业作为经济发展的新动力”达成了普遍共识。在论坛闭幕式上，各国代表共同签署了《中国—东盟文化产业论坛南宁宣言》。《宣言》认为，文化产业是21世纪的朝阳产业，能够创造巨大的社会财富，文化产业将成为中国和东盟各国经济发展的新动力，对推动各国国民经济发展具有重要的战略意义。中国和东盟各国在地理上相邻，拥有丰富多彩、各具特色的文化资源，同时拥有不断增长、潜力巨大的文化消费空间，这是各国合作加快发展文化产业的坚实基础。由此可知，泛北部湾文化孕育了巨大的产业经营空间。

3. 容纳丰富的文化产业项目

通过中国—东盟区域认同文化理念，可以发现，中国与东盟区域合作可以容纳丰富的文化产业项目。笔者在2006年9月出席中国—东盟文化产业合作发展论坛作的主题发言中，对开发那文化、儒佛文化、华人文化的文化产业项目提出了初步的意见①。

三、以泛北部湾文化推动中国—东盟自由贸易区建设的实施途径

（一）传播泛北部湾文化理念，促成中国与东盟各国的文化认同和经贸合作

泛北部湾文化是中国—东盟各国在政治经济社会利益基础上聚合而成的文化形态，包容了中国—东盟各国寻求合作发展的利益方向，即和平发展，使这一地区的国家步入发达国家行列，人民享有富裕文明的物质与精神生活。中国与东盟宣布在2010年建立中国—东盟自由贸易区，是实现这一发展目标的经济行动，而要真正建立起这一自由贸易区，那就不仅仅是经济贸易的合作就能实现的，它必须有文化做支撑。因而，首先要传播体现中国—东盟

---

① 参见《文化认同理念与中国—东盟文化产业合作发展》，《沿海企业与科技》，2007年第2期。

区域国家利益的泛北部湾文化理念，让这一区域文化认同理念在中国—东盟区域内得到普遍的认同和接受，才能转化为经济贸易活动中的推动力和润滑剂，产生出巨大的经济效益和国家利益。

文化的作用就在于，文化不仅有对经济发展的推动力，也有参与经济结构的物质力，还有保证经济活动安全、持续、高效发展的引导力。正是由于泛北部湾区域的文化认同理念的传播，改变了中国与东盟国家的利益观念，形成合作发展，共创未来的中国—东盟区域利益需求。

（二）联合开发泛北部湾文化圈的文化资源，以项目开发为依托做大做强文化产业并延伸相关产业

笔者在《文化认同理念与中国—东盟文化产业合作发展》①里已列出了合作发展文化产业的一些具体项目和实施途径，这里不再赘述。在实践中，广西的文化产业发展探索出5种延伸产业方式，值得关注：

1. 演艺产业促进商业企业树立品牌

柳州市演艺剧团举办“金嗓子杯”鱼峰歌圩、“长虹世纪杯”首届社区文艺会演、“宏华杯”家家乐家庭文艺会演等全市性大型社区文化活动，通过企业赞助解决活动经费，争取到金嗓子公司、长虹房产开发公司、宏华公司等企业赞助开展演艺活动，观众达21万人，又为企业树立了品牌。

2. 文化产业与旅游业结合产生效益

柳州市采取了文化保护与旅游产业相结合的方式，对文物资源进行修缮，形成柳州市东门城楼、柳侯祠、胡志明旧居、桂南会战检讨会旧址、“韩国临时政府”纪念馆、乐群社、美国飞虎队旧址、白莲洞古人类遗址等文化旅游产业景观，吸引游客18.4万人。贺州市文化局通过对沙田龙井村居民风景点、浮山风景点的投资吸

---

① 原发表于《沿海企业与科技》2007年第2期，现已收入本书。

引电视连续剧《酒是故乡醇》《围屋里的女人》选景拍摄，提高景点的知名度，又引来桂林、广东等地旅游投资者投资建设，当地村民旅游收入明显提高。百色市培育品牌，发展旅游和产业，通过右江河谷沿线的“三月三”壮族歌圩、那坡县的黑衣壮歌演唱、隆林县德峨乡的苗族跳坡节活动、大树脚“五月河”民族风情歌舞、靖西县的壮族抛绣球活动，给当地的旅游及经济活动产生了比较大的积极影响。防城港市推出具有民族特色的“哈节”吸引汇集越南、北海、钦州等地的歌手。开展中越河界对歌交流活动，促进当地经济商业的交往。

3. 发展商业演出业

近几年，各地各剧团积极发展商业演出。柳州市注重培育演出市场，各专业剧团到福建、广东、湖南等地进行演出，一年演出500多场。引进中央民族乐团、中央民族歌舞团及朝鲜血海歌舞团等25个演出团体，共演出79场，观众12万人。玉林市全市各专业艺术表演团体商业性演出906场。玉林市杂技团到新加坡等国进行演出，来宾市在桂林“乐满地”、杭州千岛湖、徐州森林公园等地商业演出4000多场，观众40多万人次。桂林市杂技团赴沙特阿拉伯、叙利亚商业演出获得经济效益，引进国外演出人员与团体为游客商业演出1000场，组织艺术团体赴香港商业演出。

4. 利用文化产业脱贫致富

灵山县文体局先后在县城和19个镇、5个村建成乡村电子信息馆，全县各级电子住处馆共有365台微机，各种科技、文化、影视光盘3万多张，已接受群众上网查询信息800多人次，光盘和图书出租162盒(本)，初步形成县、镇、村三级电子住处服务网络，为实现富民兴县，推动当地经济快速发展起到了积极作用。通过网络信息，农民的市场意识和种养结构搭配的自觉性得到了增强。那隆镇灵二村村民骆佐葵、张平香通过上网浏览，获悉海南省琼中市急需大量优质荔枝、龙眼果苗和深圳市龙岗区大棚镇需要美化绿化风景树的信息,马上通过电子邮件联系对方,双方很快达成供求合约。仅两个月,向海南省琼中市销售了优质果苗320万株,向深圳市龙岗区大棚镇销售近万株荔枝、龙眼树销售收入达400万元。三海镇十里村委农民梁作奎,通过网上查询到广东空心菜籽需求量大、价格好,于是积极种植,结果每亩收入3000多元,在他的影响和带动下,村里有38户农户种植空心菜,收到较好的经济效益。

5. 文化产业与节庆会展结合

南宁国际民歌艺术节是最成功的例子。几年来,南宁的会展经济以每年20%的速度递增。该节已和北京国际音乐节、上海国际艺术节一样,成为我国著名的3个国际性艺术节之一,蜚声海内外。①

(三)借助泛北部湾文化打造中国—东盟区域经济合作的新形态——文化经济形态,提升产业层次、形态结构和经济效益

几年前,未来学家托夫勒的一本著作《权力的转移》传入中国,书中说到了人类社会的权力经历了由暴力到资本到知识的转移过程。如今,世界正如托夫勒所描绘的,由资本权力时代进入了知识权力时代、文化权力时代。信息社会靠文化力,靠智慧和创新。

在信息时代,资本的性质发生了变化。知识由所有生产者共同拥有。这就打破了过去以暴力和强权垄断人类共有资源发展经济的经济增长模式,而形成了以知识创新为核心的新的经济增长模式,即文化经济,创新成为经营者的首要素质。

借助泛北部湾文化,可以打造中国—东盟区域经济合作的新形态——文化经济形态,提升产业层次、形态结构和经济效益。

---

① 本节材料据广西省文化厅文化产业处提供的资料整理。

参考文献

1. 许家康,古小松:《中国—东盟年鉴》(各年),线装书局。

2. 俞新天:《民族、宗教和文化:东亚发展与合作中的重要因素》,《世界经济与政治》,2003年第2期。

3. 薄文泽:《东南亚大陆地区民族的源流与历史分布变化》,《东南亚研究》,2006年第6期。

4. 梁志明:《东南亚历史文化与现代化》,香港社会科学出版社,2004年。

5. [新西兰]尼古拉斯·塔林:《剑桥东南亚史》,贺圣达,陈明华,俞亚克,等译,云南人民出版社,2003年。

6. 潘琦:《广西环北部湾文化研究》,广西人民出版社,2002年。

7. 沈北海:《东盟十国文化丛书》,广西民族出版社,2006年。

8. 刘建文:《中国—东盟"M"型区域经济合作战略的探讨》,《东南亚纵横》,2007年第1期。

9. 蒋玉莲:《影响中国—东盟文化交流与合作的因素及对策分析》,《广西大学学报》,2006年第5期。

10. 王子昌:《文化认同与东盟合作》,《东南亚研究》,2004年第5期。

11. 覃洁贞:《文化认同:环北部湾经济圈经济合作的重要环节》,《南宁职业技术学院学报》,2006年第1期。

面向东盟国家的广西文化产业国际合作优势与途径

中国—东盟自由贸易区的建设和北部湾经济区建设，把广西推到了国家对外开放和经济发展新一极的前列，站到了世界经济的前沿，也给广西文化产业的发展带来新的机遇和市场。

中国—东盟自由贸易区的经济发展不仅要求生产要素的互补流动，也需要文化要素的互补交流。广西在参与中国—东盟自由贸易区建设和泛北部湾区域合作框架之中发展，文化产业是具体的实施路径之一。广西在这方面有得天独厚的优势，不仅自然地理绵延相连，历史人文也密切相关，基于文化认同观念的文化产业经营较之其他产业经营将更具有水到渠成的功效。

一、广西文化产业国际合作优势

（一）历史地缘铺垫

广西与东盟关系密切，地理上山水相连，是中国唯一既有陆路又有水路连接东盟国家的省级行政区；历史上，广西合浦是海上丝绸之路的始发港，与东盟各国的交往最早可溯自近2000年前的汉代；人文上，广西壮族与越南、老挝、泰国的多个民族有民族学上的亲缘关系，长期以来亲睦和谐、友好交往。由于这些民族起源、历史承传、地理风习以及文化交流等原因，广西和东盟国家有较多的文化认同理念和稳定的友好关系，这些是文化产业合作的坚实基础。

（二）文化资源彰显

笔者在2006年的首届中国—东盟文化产业论坛上宣读的论

文《以文化认同理念发掘中国—东盟合作发展文化产业的巨大资源》介绍过广西文化产业资源的情况，包括：围绕那文化开发文化产业资源、围绕儒佛文化开发文化产业资源、围绕华人文化开发产业资源三大类共 11 小类，这里不再重述。可以看到，广西开展文化产业国际合作的资源是十分丰富的。

（三）时势机缘推演

1. 国家战略规定

中国—东盟自由贸易区的建设给广西文化产业走出去，开展国际合作提供了最大的机缘。2005 年 12 月 12 日，温家宝总理出席中国与东盟领导人年度会议时提出，把交通、能源、文化、旅游和公共卫生确定为新的五大重点合作领域，文化正式作为合作专项。开展中国—东盟自由贸易区建设中的文化项目包括文化产业项目的合作与相关研究，已成为实施国家发展战略的重大任务之一。

2. 广西实施跟上

广西处于国家“南下发展”战略的最前沿，广西文化具有与东盟国家文化交流和产业合作的先锋意义。2007 年，广西提出并积极推进泛北部湾区域合作，再次为广西文化产业“走出去”提供了发展机遇。时势的发展要求广西文化发挥出参与泛北部湾经济合作发展的作用，达到以下目的：以文化力促进中国与东盟的全面合作，深化中国与东盟各国的政治互信、睦邻友好和文化交流合作；为中国—东盟自由贸易区建设发掘文化动力并以文化力推动中国—东盟合作发展框架下的“一轴两翼”区域经济合作提供决策参考意见。

我们面向的是国际文化、国际市场，“广西文化”概念应当放大。广西文化不应只是广西壮族自治区文化，应当放大成为代表中国南方文化甚至中国文化的一种区域文化。因此，发展广西文化及其文化产业，不能孤立一地和一种文化的操作，应与相关区域、相关文化形成合力，联合发展。如民族文化、岭南文化、海洋文化。可以先从民族文化做起，带动其他文化，在参与泛北部湾区域经济和文化产业合作中发挥出文化力量。

（四）特色项目走先

广西文化产业经过多年发展，一批特色优势产业成熟成长起来了。(1) 以山水旅游为特色的山水实景演出，如《印象·刘三姐》在东盟国家中形成较大影响，已进入了产业合作层面，在越南下龙湾实施海上实景演出项目，也与柬埔寨达成了合作意向，将在柬埔寨吴哥窟共同打造实景演出《高棉的微笑》。(2) 以商贸交易和节庆联谊交往为特色的节庆会展产业，如中国—东盟博览会和南宁国际民歌艺术节，吸引了东盟国家的积极参与，规模越办越大。(3) 以中越边境生活为特色的电视剧，如《边贸女人》等，在越南等国家有较高的收视率。(4) 面向东盟的广西出版也进入东盟市场。2005 年 9 月，广西新华书店集团有限公司与泰国南美有限公司联合在泰国曼谷举办的“2005 泰国——中国广西图书文化展”，搭建了中泰文化交流平台，扩大了广西图书在东南亚地区的影响和市场。以接力出版社的《小聪仔》为代表的期刊销到新加坡、马来西亚等地，拥有众多海外小读者。(5) 以桂林愚自乐园为代表的艺术博览产业展示美好前景。愚自乐园是一座以当代雕塑与洞窟艺术为主的当今世界最大国际时尚艺术公园。自 21 世纪初创建以来，愚自乐园一直联合东盟和世界其他各国艺术家共同参与，共举办了 10 届雕塑艺术创作、评奖活动，已经有来自 47 个国家 140 多位艺术家历时 9 年创作完成了 200 多件造型各异的雕塑作品。2003 年，愚自乐园被评为国家级 AAAA 景区。2004 年，愚自乐园被文化部授予“文化产业示范基地”称号。愚自乐园以“淳美山水”和“艺术极境”之成就为后人留下当代艺术最美好的文化资产。

这些特色优势项目，走出了广西文化资源开发与东盟文化产业合作的第一步。

二、广西文化产业国际合作途径

广西凭借自身的历史地缘和人文优势以及多年来积极发展文化产业的基础,能够更好地发挥以面向东盟国家为重点的文化产业资源和产业运作的国际合作。其合作途径可以作如下选择:

(一)民族节庆产业

1991 年 11 月在南宁市举行的第四届全国少数民族传统体育运动会是广西现代会展业的肇始。这届运动会有全国 31 个省、市与自治区的 4500 名运动员参加。运动会在南宁设有赛龙舟、抢花炮、秋千、射弩、珍珠球、木球、摔跤和武术等 8 个竞赛项目和 120 个表演项目,在呼和浩特分会场设马上项目。开幕式上 12000 名青少年参加了大型歌舞《民族之光》的演出。运动会比赛期间,举办历时 9 天的盛大的商品交易会,有国内外客商 5000 多人参加,成交总额达 31.8 亿元。还举办了“南宁之秋”艺术节和来自全国各地的 12 家艺术团体,为各族群众演出 30 场文艺节目。作为一次民族传统体育和经济、文化艺术相结合的盛会,第四届民运会开得隆重、热烈、圆满,取得巨大的成功和政治、经济、文化、体育等方面的综合效益。在举办第四届民运会的基础上,广西壮族自治区政府从 1993 年起,将“三月三”音乐舞蹈节改为全自治区规模的广西国际民歌节,1998 年又改为南宁国际民歌艺术节。广西现代节庆文化开始扮演了“文化搭台,经贸唱戏”的角色,越办越红火。

自 20 世纪 90 年代末以来,广西各地都办起了这种类型的节庆活动,而且大多与商贸会展结合举办。其中不少是国际性节庆活动,包括南宁东南亚国际旅游美食节、钦州国际海豚节、防城港市中越边境旅游节、崇左边关国际旅游节、凤山神奇洞穴国际探游节、柳州国际奇石节、北海国际珍珠节、梧州国际宝石节、南宁国际学生用品交易会、广西投资贸易洽谈会、中国—东盟博览会、凭祥中越边境贸易交易会、防城边境贸易交易会、北海国际海滩文化节,等等。这些大型的国际性节庆活动,都具有文化和经济互动的综合性效益,在推进广西对外贸易和文化交流与产业发展方面意义重大,构成了广西经贸和文化发展的重要组成部分。

(二)文化旅游

旅游业是一个包含文化产业和经济产业的综合性服务产业。它可以推动本地经济发展和促进国际、地区间经济的交流与合作。文化旅游是进行旅游经营的主要产业形式。广西有丰富的旅游资源,1997年提出建设"旅游大省"目标。新加坡、马来西亚、泰国、越南、印度尼西亚等海上东盟国家有丰富的旅游资源,这些国家大都将旅游业定位为本国国民经济的优势产业。中国与东盟各国旅游资源具有很强的互补性。2007年,广西旅游局提出了"加快构建泛北部湾旅游圈"的总体构想。大力发展文化旅游,是中国和东盟合作发展的一个十分重要的途径。

(三)影视制作

由于地缘、历史、亲缘等方面的原因,以广西文化为背景或由广西制作的影视剧是东南亚各国人民比较熟悉的。电影《刘三姐》20世纪在东南亚上映时就受到普遍欢迎,在新加坡的上座率比美国经典影片《乱世佳人》还要高,在马来西亚被评为世界十佳电影之一。20世纪90年代,广西拍摄了一部以中越边境贸易为内容的电视剧《边贸女人》,在越南播放时收视率极高,促进了越南人民对改革开放的中国的了解。香港媒体在广西贺州拍摄的电视连续剧《酒是故乡醇》和《茶是故乡浓》融入大量广西文化元素,在东南亚播出时引起人们广泛关注,吸引港澳地区和东南亚国家许多旅客前往观光游览。20世纪90年代,广西影视界在成功摄制《边贸女人》之后,又与越南国家电视台合作拍摄了电视剧《诱人的沙糕》在越南国家电视台播出,大受欢迎,多次重播,影响极大。这些说明,广西在文化背景、创作题材、市场基础、合作实践等影视剧的摄制和产业运作方面,都有许多与东盟国家合作的有利条件。这里,首选与越南合作尤为便利且最有前景。仅以题材而论,有以下一些题材是两国人民共同关注的:反映广西壮族和越南侬族共同的历史英雄侬志高;反映越南国父胡志明在中国的革命斗争生活,尤其是抗日战争时期的生活;反映中国援越抗美斗争生活;反映中越改革开放时期的相互交往,如边境贸易等生活内容,等等。可以通过首先和越南合作开始,逐步推向东盟其他国家,形成影视产业互动互利的良好运作态势。

(四)演艺产业

广西的舞台艺术水准较高,20 世纪 60 年代初的民族歌舞剧《刘三姐》红遍大江南北。进入 21 世纪以后,舞台艺术精品不断涌现,《刘三姐》在 2004 年—2006 年里曾连续三年获得文化部举办的“全国舞台艺术精品工程”十大精品剧目的荣誉。桂剧、彩调、壮剧、杂技、交响乐等艺术形式,均有精彩的艺术表现,一些剧目曾多次获全国大奖或在国际比赛中获奖,到东南亚国家和世界其他国家巡演均获得好评。如 2009 年广西彩调剧团的《刘三姐》剧组到马来西亚演出,受到海外观众的热烈欢迎,取得较好的经济效益和文化交流的效果。南宁市是泛北部湾经济合作的区域性国际城市,演艺产业的重心区域。以南宁市为中心,以精品剧目为纽带,积极推进演艺产业的国际合作。在打造精品剧目方面,广西桂剧团设计了名为《桂戏大观园》的中华传统艺术精粹展演,晚会以中国传统戏曲名段、中国民族音乐名曲、中国水墨名画组织融汇构成,突出展现中国古典三大艺术中的绝技、绝活和精神气韵,融中华传统文化于一体,展示中华民族的文化形象。① 在推进广西演艺产业经营战略方面,广西演出公司提出构建两条演出带的构想,即:以香港—广州—南宁—河内—胡志明—金边—曼谷—吉隆

---

① 据 2008 年 9 月 23 日笔者到广西桂剧团调研时该团副团长陈观提供的材料。

坡—新加坡"一廊九城"陆路大通道为依托的泛北部湾演出带;以北海—湛江—海口—三亚、北海—南宁—柳州—桂林—长沙、北海—贵港—玉林—梧州—广州—东莞—深圳、北海——南宁—百色—昆明、北海—南宁—河池—贵阳—重庆—成都为依托的多条山水生态、民族风情演出带。目前,广西演艺产业的效益初显,而且产业潜力大、市场多、人才足、前景广阔。

以上为第一步合作方向。随着时间的推移,相信合作的形式、规模、范围将逐步深入推进和扩大,中国和东盟文化产业的发展都会呈现出崭新的面貌,进入新的合作层面。

参考文献

1. 古小松:《泛北部湾合作发展报告》,社会科学文献出版社,2007年。

2. 杨然:《越南文化产业现状及与广西合作建议》,《东南亚纵横》,2006年第11期。

3. 陈亮:《广西文化产业"走出去"的路径》,《广西日报》,2007年7月1日。

4. 李建平:《文化认同理念与中国—东盟文化产业合作发展》,《沿海企业与科技》,2007年第2期。

5. 王建平,陶志红:《广西影视文化产业走进东盟的策略》,李建平主编《2006广西蓝皮书·广西文化发展报告》,广西人民出版社,2006年。

6. 覃振锋:《广西节庆文化产业发展研究》,李建平主编《2008广西蓝皮书·广西文化发展报告》,广西人民出版社,2008年。

7. 盛洁:《构建泛北部湾演出业新格局初探》,李建平主编《2008广西蓝皮书·广西文化发展报告》,广西人民出版社,2008年。

面向东盟背景下的广西与广东、云南文化产业的差距与竞争

广西是中国唯一一个与东盟国家既有陆地接壤又有海域相连的省份，而其他各省与东盟国家陆地接壤的只有云南，与海域相连的有广东、海南和台湾。云南与广西一样是中国通往东盟国家最便捷的通道，历史上长期保持文化交流和商务贸易，广东也与东盟国家尤其是当地华侨有较悠久的文化联系历史和以省为单位的中国对东盟最大的商务贸易关系，广西、云南、广东三省(区)面临着最直接的与东盟交流与贸易的重任。文化产业的发展，也与东盟的合作密切相关。因而，研究面向东盟背景下的广西文化产业发展，离不开与云南、广东文化产业的联系和竞争。①

一、云南文化产业发展概况和主要做法、经验

云南是发展文化产业较早、成效也较好的一个省份。早在1996年，云南就提出了建设民族文化大省的目标，是全国率先提出实施“文化立省”战略的省份之一。经过十几年的发展，云南省文化产业发展已经取得了实质性的进步，产业规模进一步扩大，对全省经济社会发展的贡献率进一步提高。2008年，云南省委、省政府又提出了推进云南省由“民族文化大省”向“民族文化强省”迈进的战略思路，陆续出台了《中共云南省委云南省人民政府关

① 海南省由于建省历史还不长，省级经济容量不大，独立开展的面向东盟的交往时间不长、贸易额不大，因而暂不作对比研究。

于建设民族文化强省的实施意见》《中共云南省委、云南省人民政府关于深化文化体制改革、加快文化产业发展的若干意见》《云南省关于加快文化产业发展的若干政策》等一系列推进文化建设和支持文化产业发展的政策措施，为云南文化产业进一步发展创造了良好的条件。继卷烟、矿产、旅游、动植物资源和能源五大传统支柱产业之后，文化产业正在成为推进云南发展的第六大支柱产业。

（一）云南文化产业增加值及其增速情况

“十五”期间，云南文化产业已呈现出快速发展趋势，在经济总量中的比重不断加大，对国民经济的贡献率明显提高，取得了明显成效。“十一五”以来，云南文化产业发展继续保持着良好的高增长势头。根据云南省统计局数据显示，“十一五”末，全省文化及相关产业主营业务收入增长1.33倍，年均增长27.5%，高于同期GDP增长速度。2010年，云南文化产业增加值达到440亿元，占全省GDP的6.1%。与北京、上海、广东、湖南、湖北一起，成为全国6个文化产业增加值占GDP比重超过5%的省市。云南省“十一五”时期文化产业年度发展情况见表1。

表1　云南省“十一五”时期文化产业发展年度数据表①

年度	增加值(亿元)	比上年增长(%)	占地区GDP(%)
2006	216.72	—	5.41
2007	262.94	21.30	5.55
2008	319.19	14.10	5.80
2009	364.01	21.10	5.90
2010	440.00	20.90	6.10

① 云南省统计局:《“十一五”云南省文化产业快速发展》，云南省财政厅网站：http://www.ynf.gov.cn/ynczt.model/article.aspx,2011－9－17.

（二）云南省发展文化产业的主要做法

1. 以点带面，推进文化体制改革和文化产业发展试点工作。在全国文化体制改革试点工作会议确定丽江市作为全国文化体制改革综合试点之后，云南省委、省政府及时做出决策，把大理白族自治州、腾冲县以及云南省图书馆、云南省杂技团、昆明市电影公司与丽江市一起作为试点，以点带面推进全省文化体制改革的深化。文化体制改革推进了文化产业发展。丽江市文化产业增加值2010年达到16.8亿元，是2005年的3.1倍，占同期GDP比重由2005年的8.6%上升为11.8%。"十一五"期间，大理白族自治州文化产业增加值由2005年的18.9亿元增加到2010年的23.9亿元，占全州GDP的6%，文化产业已成为大理白族自治州的重要支柱产业之一。腾冲县2006年文化产业增加值达2.97亿元，占全县GDP的8.5%。试点的成功，对全省产生了较强的示范和带动作用，以点带面、全面推进的良好局面正在形成。

2. 做大做强优势产业，带动全省文化产业总体发展。云南省委、省政府提出重点发展的广播影视业、新闻出版业、演艺业、文化娱乐业、体育产业、会展业及乡村特色文化产业七大主导产业，都保持了一个较好的发展势头，尤其是在演艺业等几个门类上取得了较为突出的成效。云南民族文艺资源丰富，以《云南映象》《丽水金沙》为龙头，带动了全省演艺业的发展，涌现出《勐巴拉娜西》《蝴蝶之梦》《澜沧江—湄公河之夜》《支花篮》等一大批经济效益、社会效益俱佳的舞台文艺精品，逐步树立起云南民族演艺品牌。2005年，全省演艺业增加值达到13594万元，在全国排名第10位。突出云南各地民族民间工艺品丰富多样的优势和特色，以鹤庆新华村金属工艺品生产加工和销售集散地建设为龙头，带动全省民族民间工艺品产业的发展，大理石和扎染、刺绣、锡工艺品、紫陶、木雕等已在全国产生了较大影响，产品供不应求。目前，全省登记注册的以生产民族民间工艺品为主的企业为7058家。据初步测算,云南民族民间工艺品已达80亿元左右的年销售额,在未来3~5年内,民族民间工艺品还有40亿元~70亿元的销售空间,发展潜力十分明显。发挥云南历史文化名镇众多的优势,以腾冲和顺历史文化名镇整体开发为龙头,带动全省村镇文化旅游业的发展,目前已涌现出景洪傣族园、禄丰黑井、建水团山等一批整体开发的历史文化名村名镇,带动了当地文化旅游业的发展。会展业也是云南文化产业发展较好的一个门类,到2006年,全省会展场馆建成总面积约20万平方米,基本上每月都有全国性或区域性大展,完成产值约20亿元,实现签约金额约450亿元。昆明已成为仅次于北京、上海、广州、深圳的会展先进城市。这些重点文化产业门类的快速发展,既增强了云南文化产业的整体实力和影响力,也对其他产业门类的发展产生了影响和拉动作用。

3. 鼓励社会资本进入文化产业发展领域,促进多元化发展。从国内外发展文化产业的经验来看,社会资本是推动文化产业发展最具活力的动力源。社会资本的介入,能够不断完善文化产业的产业结构,极大地丰富文化产品类型,实现文化产品的多元化,从而积极引导多元化的文化消费。此外,通过社会资本的注入,还可以改变国有文化单位一成不变的生产经营模式,盘活国有存量文化生产资源。因此,云南近年来始终坚持"社会资本投入、政府引导扶持、企业经营运作"的发展思路,从政策法规、舆论宣传等不同层面,着力营造一个良好的政策环境、舆论环境和社会环境,使社会资本在文化产业投资领域充分涌流,并已开始在部分产业类别中充当主导力量。从2004年到2011年,云南已经实施的文化产业项目达77个,投资总额累计达131亿多元,其中70%以上为社会资本投入。事实上,在云南文化产业发展领域,最为活跃的正是社会资本,如《云南映象》《丽水金沙》《蝴蝶之梦》、鹤庆新华村民族民间工艺品生产制作销售基地等,无不是社会资本注入的结果。

(三) 云南文化产业发展的主要经验

1. 改革创新是解放文化生产力的关键环节。随着全面建设小康社会进程的推进,广大人民群众的精神文化需求日益增长。这就需要极大地解放和发展文化生产力,而文化体制改革是解放和发展文化生产力的关键环节。丽江市作为全国唯一文化体制改革综合试点的地级市,于2004年12月完成市直7家试点单位的文化体制改革工作。通过体制改革机制创新,2.1亿元国有文化资产被盘活,经授权进入市场化经营;203名文化事业体制职工置换身份,由事业单位人员变成了企业职工;几家经营性单位改制前背负了5700万元贷款,财政原计划要用15年才能还清,改制后这些债务全部由企业承担,有望提前10年全部还清。其他各地的成功范例:大理旅游集团在体制改革和市场竞争中应运而生,依托优质旅游资源,充分利用资本市场,筹集资金,走大集团、大产业、大市场的规模化经营之路,舞动了大理文化旅游的“龙头”,通过市场培育、资源整合、投资融资、产品生产、包装营销,已成为大理本土文化旅游产业可持续发展的现代企业,2002年起步时负债1000多万元,两年多后赢利3000多万元,到目前拥有10个亿的资产,年营业收入达1.5亿元。

2. 文化建设与地区特色发展道路相结合。云南借助省内丰富的文化资源,在各地文化建设快速发展的基础上,促进了地方经济社会的发展,实现了文化与经济的互动,使区域综合竞争力不断提高。近年来,通过对当地文化资源的开发利用,在一些经济欠发达地区,出现了“文化成就丽江”“文化成就大理”“文化成就腾冲”等以文化带动地区经济社会发展的现象。

腾冲是云南省首批试点中唯一的县域综合试点,也是云南省深化文化体制改革、加快文化产业发展的重点推进地区。腾冲结合自身实际,凸现特点,发挥优势,突出“文化强县”“文化名县”战略,以县域文化建设为突破口,推动县域建设的整体发展,优选打造出最有代表性和影响力、对文化资源涵盖面广的抗战腾冲、侨乡腾冲、翡翠腾冲、SPA 腾冲、生态腾冲等项目,形成整体的文化腾冲品牌,以其高文化含量、高文化品位产生较大的市场竞争力和日益扩大的关联效应,扩大影响,吸附资本,开拓市场。文化及相关产业的投资构成了腾冲招商引资的主要部分,2010 年,腾冲县旅游业飞速发展,全县接待游客 380.2 万人次,实现旅游收入 20.06 亿元,景区实现门票收入 5227.7 万元,同比分别增长 15.03%、23.8%和 30.8%。

3. 以文化旅游互动推进文化产业发展。云南既是民族文化大省,又是旅游大省,找到文化与旅游的结合点,使二者互相依托、互相促进、互利共赢,是云南文化产业发展的成功经验之一。云南文化产业在发展实践的探索中,一个显著的成效就是通过文化与旅游的联姻互动,为文化产业和旅游业的发展营造了无限的生机与活力。依托云南丰富多彩的历史文化和绚丽多姿的民族风情,充分发挥文化的旅游功能,不断提升旅游的文化内涵,积极发展云南文化旅游,把文化旅游做大做强,既是发展旅游支柱产业、建设旅游经济强省的重要途径,又是培育文化支柱产业、建设民族文化大省的主要内容。文化以旅游为平台,找到了市场,扩大了影响;旅游以文化为灵魂,丰富了内容,提高了质量。丽江、大理、西双版纳等地,将《丽水金沙》《蝴蝶之梦》《勐巴拉娜西》等演艺文化产品与旅游业相结合,赢得了观众,占领了市场,创造了效益,促进了文化产业的发展,也带动了旅游业的"二次创业"。大量外来旅游者参与了云南市场上的文化消费,旅游业平台给云南文化市场带来了高达 50% 以上的外来消费。正是旅游业把文化消费的大市场送到了云南家门口,旅游消费是云南文化产业发展最广阔的市场平台。

云南文化产业与旅游产业相辅相成,互动发展,实现双赢。兼具服务业和文化产业特征的旅游业,与服务业和文化产业的许多行业之间有很强的互动性,直接或间接带动的行业几乎遍及整个服务业和文化产业。利用旅游产业链长的特点,就能够在更大范围内促进休闲度假、娱乐演艺、节庆会展、体育、工艺品、报刊出版、影视音像等产业的发展。通过旅游市场平台,云南可以把特色文化资源优势转化为特色文化产业优势,跨越以制造业为主的传统"工业经济"形态,而提前进入以服务业为主的新兴"文化经济"形态。

4. 文化开发项目惠及当地广大人民群众。云南乡村文化旅游方兴未艾,这不仅要对当地民族文化资源加以挖掘、保护、规划及开发,而且还要依靠当地群众的支持和参与,只有兼顾开发企业与当地人民群众的利益,才能持续地取得好的效益。腾冲县和顺景区项目开发是典型的例子。2003 年 11 月 1 日昆明柏联集团投资获得和顺经营管理权,开始了对景区开发和经营管理。公司现有员工 201 人,只有总经理由集团派出,其余都是和顺村民或腾冲人。三年多来,和顺景区的面貌发生了巨大变化,2005 年和顺入围"全国十大魅力名镇"并荣获唯一年度大奖,2006 年被国家环保总局评为"全国环境优美乡镇",后获得"中国十大最美丽村镇"与"云南十大名镇"第一名。2007 年,和顺接待游客已达 60 万人次,实现旅游总收入 4381 万元,比 2000 年的 850 万元增收 3531 万元,增长 4 倍,实现了政府、企业、村民和谐发展。2007 年,全镇实现农村经济总收入 4127 万元,完成工业总产值 7877 万元,财政总收入 405 万元,农民人均纯收入 2836 元,比 2000 年的 1650 元,增长 72%。如今,和顺已经成为一个民居保存完好、民风淳朴浓厚、民俗活动频繁,企业与村民友好相处、共同富裕、共谋和顺福祉的和谐乡村典范。

二、广东省文化产业发展概况和主要做法、经验

改革开放以来,广东一直走在全国前列。20 世纪 90 年代以

后，文化体制改革促成了文化产业的蓬勃发展，省文化产业也走在全国的前列，文化及相关产业的规模在国内名列前茅，增加值、从业人数、年营业收入位居各省市之首。目前，广东正在实现由经济大省到文化大省的升级。

（一）广东文化产业发展概况

1. 文化产业增加值总量大。据统计，2010 年，广东文化产业增加值为 2524 亿元，占全省 GDP 比重 5.6%，占全国文化产业比重超过 1/4，已连续 8 年位居各省、市首位。广东文化产业对整体经济发展的支撑作用显著增强。文化产业已经成为广东支柱产业。“十一五”时期广东文化产业增加值数据见表 2。

表 2 “十一五”时期广东省文化产业增加值年度数据表①

年度	增加值（亿元）	比上年增长（%）	占地区 GDP（%）
2006	1668.80	14.90	6.50
2007	1899.10	13.80	5.55
2008	2090.90	10.10	5.70
2009	2174.00	4.00	5.40
2010	2524.00	16.10	5.60

广东的平面媒体、广播电视、数字出版、印刷出版等产业规模均位居全国首位。尤其是文化新业态蓬勃兴起，更在全国占据重要地位：数字出版产值占全国的 1/5，动漫产值约占全国的 1/4，网络游戏年收入约占全国的 1/3，自主研发制造的电子游艺游戏设备生产占全国的 2/3，仅广州、中山两地的电子游戏设备生产在全球市场份额就超过 1/5。

2. 对全省经济的贡献显著增强。改革开放 30 多年来，广东

① 数据引自：《广东文化产业发展状况分析》，广东统计信息网 gdstats. gov. cn，2010 年 12 月 30 日。

文化产业快速发展,已经成为广东的一个重要产业门类,对经济社会发展有很大贡献。2008年,广东文化产业增加值占本地区生产总值比重6.8%,对GDP增长的贡献率为6.6%,拉动GDP增长0.9个百分点。其中,法人单位实现的增加值占本地区GDP比重4.2%,远远高于全国平均水平(2.28%)。

3. 产业体系建设完备。广东文化产业发展较早,文化产业体系建设完备,已形成了比较齐全的文化产业体系,包括新闻服务业、出版发行和版权服务业、广电服务业、文化艺术服务业、娱乐业、会展业、广告业、旅游业、电子信息业、文化产品和设备制造业等。创意文化产业、设计文化产业和会展产业等新型产业也属于全国最好之列。

4. 经济成分进一步优化。民营资本的迅速发展对推动广东文化产业发展具有重大作用。2003年时,广东文化产业还是国有企业占大头,民营文化企业单位数量、从业人数、营业收入、实收资本、资产总额只占全省文化企业总量的46.61%、18.72%、13.67%、15.70%、14.73%。到2008年,国有和民营两部分的数据就完全反过来了。广东全部文化产业单位中,国有仅占12.56%,民营和外资占到了80%多,其数量远比国有多。特别是在全省各类印刷企业中,民营企业比重高达80%左右。在文化用品制造、影视节目制作、演出娱乐、音像制作发行、出版物分销和广告等行业,民营资本所占比重也都超过了50%。

5. 文化贸易份额大。广东是我国主要的文化产品制造基地,尤其是珠三角地区已发展成为世界知名的制造业中心,该地区制造的许多文化产品在世界许多国家有很高的市场占有率,文化产品进出口一直稳步增长。"十一五"时期,广东文化产品出口年均增长超过20%,2009年达323亿美元,占全国文化产品出口总额的一半以上,成为中国文化产业出口的重要区域。

（二）广东文化产业发展的主要做法和经验

1. 高度重视文化产业发展，确立“文化立省”战略。2003 年 10 月 9 日，中共广东省委、省政府发布《关于加快建设文化大省的决定》（粤发〔2003〕15 号），提出文化立省的战略决策，把文化作为发展的战略基础，之后，陆续出台一系列支持文化建设和文化产业发展的政策规划和措施，如《广东省文化产业发展“十一五”规划》《广东省社会资本投资文化产业指导目录》《广东省文化及相关产业投资指南》《关于加快提升软实力的实施意见》等，为增强文化软实力和文化产业的发展初步营造了良好环境。2009 年，广东又出台关于加快提升文化软实力的实施意见，通过 7 项工程和 22 项举措，对提升广东的文化软实力进行了全方位战略部署，对文化产业发展作出引导，形成促进文化产业快速发展的良好环境。

2. 文化体制改革推进文化产业发展。2003 年，广东被中央确定为全国文化体制改革综合试点省。在此后的 7 年间，广东推进了省出版集团整体转企改制、放开投资主体限制、重点媒体经营性部门和资产剥离转企等改革，重点在于转变政府职能，理顺政府与文化企事业单位的关系，使政府真正发挥出公共文化服务提供者、管理者和监督者的作用，形成政企分开、政事分开、依法管理的管理模式，变革文化发展新模式。广东文化体制改革的重大推进领域，是在党报、党刊、电台、电视台等重要新闻媒体中将发行、广告、印刷和传输等经营性业务剥离出来，组建服务于主业的经营性公司。广东省广电局与原下属媒体管办分离、实施战略性重组后，南方广播影视传媒集团、南方报业传媒集团、星海演艺集团、广东省出版集团公司各项经济指标都有大幅度增长。

3. 多种经济成分合力推进文化产业发展。以政府的引导和推动为引擎，大力引进外资和鼓励民间资本投入文化产业领域发展，是广东文化产业快速发展的主要做法和经验。运用政府之力和行政手段推动文化产业的发展的作用是有限的,采取各方合力,共谋发展是行之有效、备受欢迎的做法。多年来,广东千方百计采取各种措施鼓励和引导海内外民营资本投资文化产业经营,通过开放文化市场,放宽准入门槛,发挥市场配置文化资源和要素的基础性作用,调动各方面积极性,呈现出国家、集体、股份制、民营、个体及中外合作、深港合资、外商独资等所有制形式并存发展的格局,形成推动文化产业发展的强大动力。目前民营资本几乎渗入广东所有允许进入的文化产业领域,民营文化企业数已超过全省文化企业总数的50%。构成广东文化产业发展的重要推动力量。

4. 发展文化贸易,拓展海外市场。几十年来,广东一直是我国外贸的窗口和重要基地,与海外市场的贸易往来十分频繁。广东文化产业的发展,一开始就与国际演艺、展览、演出、设计、出版等国际文化交流与贸易活动相连,同时,在文艺创作、项目策划、大型会展、各类演出方面学习借鉴香港和国际文化管理、文化服务方面的成功做法,提升了文化产业的经营能力和对接海外市场的成效。2009 年广东与香港、澳门举行了第十次粤港澳文化合作会议,签署了《粤港澳文化交流合作发展规划 2009—2013》,在舞台艺术、人才培训交流、文化信息网建设、图书馆资源共享体系、非物质文化遗产、文化创意等领域进行全方位合作,目的就是要以开阔的视野和科学的运作机制来开展有关活动。类似的文化合作与对外交流为文化产业的走出去打开了大门。如今,广东成为中国文化产业出口的重要区域。2009 年,广东文化产品出口额达 323 亿美元,占全国文化产品出口总额的一半以上①。

---

① 李文龙:《广东文化产业规模连续多年全国居首》,《南方日报》,2011 年 3 月 30 日。

三、广西文化产业与云南、广东的主要差距

（一）文化产业总量尚小，与广东、云南两省差距较大

据广西统计局公布的数据，2010年广西文化产业增加值180.2亿元。与国内文化产业发达省份相比，可以看到广西文化产业的总量依然较小，文化产业处在较低的层次，发展规模明显落后于广东、云南两省。文化产业总量与占全国首位的广东相差达到10倍多，差距之大已无可比性；与同为西部地区的云南比较，也有将近一倍的差距。由此可知，发展广西文化产业的任务还十分沉重和艰巨，路途还十分遥远。我们应清醒认识到自己所处的位置，看到我们的弱项和差距。

（二）文化产业投入不足，制约发展规模

一是财政支持文化产业的力度还不够大。自治区人民政府在政策扶持方面下了较大工夫，近几年出台了《关于加快非公有制文化产业发展的意见》《广西壮族自治区人民政府关于加快文化产业发展的实施意见》（桂政发〔2010〕63号）等文件，政策支持力度不可谓不足，但是，由于广西的经济在全国长期处于欠发达地区的位置，经济实力不够强，财政支持力度也不够大。在财政对“文化、体育与传媒”的支出方面，2009年，广西在文化、体育和传媒方面的财政支出为29.27亿元，广东该年在文化、体育和传媒方面的财政支出为111.5亿元，云南是32.38亿元，广西是最低的。从近几年对文化基础设施的固定资产投资看，与广东、云南两省比较，广西依然是最低的，详见表3。

表3　2007年—2009年广东、广西、云南三省区对
“文化、体育和娱乐业”固定资产投资表①

单位:亿元

省份＼年份	2007	2008	2009	三年合计
广东	97.1	140.8	211.3	449.2
广西	19.3	26.2	36.5	82.0
云南	28.1	34.6	50.5	113.2

二是扶持文化产业发展的专项资金尚未落实。2009年,广东财政还安排了2亿元作为广东省文化产业发展专项资金,共有48个项目获得了专项资金的支持。从2011年开始,广东扶持文化产业发展的专项资金将每年增加4000万元,预计2015年将达到4亿元的规模。目前,广东全省已有7个地级市相应的设立文化产业发展专项资金。云南“十二五”期间省级文化产业发展专项资金由目前每年2500万元增加到1亿元,同时建立10亿元规模的文化产业发展引导基金。广西已于2010年12月颁布《广西壮族自治区人民政府关于加快文化产业发展的实施意见》(桂政发〔2010〕63号),提出要设立文化产业专项资金,但尚未得到落实。

三是利用外资方面也显得不足。至2009年,广西共有登记注册外商(含港澳台)投资企业4391家,投资总额271.98亿元,其中,文化、体育和娱乐企业45家,约占1%,外资投资金额较小。

(三) 文化产业组织集约化程度不高,经营方式陈旧

广西文化产业领域中小型企业居多,现代大型文化企业屈指可数。2009年广西文化产业单位数2.04万个,从业人员29.92万人,只占全区从业人员的1.05%,平均每个文化产业活动单位

① 数据分别引自《中国统计年鉴2008》《中国统计年鉴2009》《中国统计年鉴2010》,中华人民共和国国家统计局编,中国统计出版社,2008年、2009年、2010年版。

从业人员不足15人。并且70%分布在外围层和相关层;没有形成一批在国内外有影响的大型文化企业集团,没有形成以文化产业为主业的经营业态。文化产业组织的小型化,资源优势的分散化,阻碍了市场强势竞争力的形成。一些由事业单位转制的文化企业组织或单位,经营者的思想仍停留在依赖政府资金办文化的观念上,缺乏开拓市场、创新经营的能力和发展创意产业的活力。

(四)产业结构不合理,高新科技文化产业发展滞后

从文化产业组成的三个层次看:广西文化产业中的"相关层""外围层"所占比重较大,核心层较小。2009年广西文化产业核心层实现增加值56.23亿元,占全区文化产业增加值的28.3%,比2008年减少1.1个百分点;外围层实现增加值62.19亿元,占全区文化产业增加值的31.3%,比2008年增加1.9个百分点;相关层实现增加值80.27亿元,占全区文化产业增加值的40.4%,比2008年减少0.8个百分点。2009年核心层、外围层、相关层实现的增加值之比为28.3∶31.3∶40.4。[①] 其发展状况存在着结构不合理的问题,传统文化产业比重过大,新兴的文化产业比重偏小,以信息化、数字化为核心的新兴产业如现代传媒、动漫游戏、数字视听、网络文化、会展博览等基本还处于起步阶段,实现产值较少。

(五)文化与旅游的合力组合不够

广西与云南区位区情相近,都是旅游资源大省,但广西的旅游业一直走在云南后面,且有被逐渐拉大差距的风险。两省区旅游业部分数据比较情况见表4。

---

① 梁葵:《广西文化产业数据分析与发展探究》,《2011年广西蓝皮书·广西文化发展报告》,广西人民出版社,2011年。

表4　广西、云南2005年与2009年旅游业数据(部分)比较①

年份	广西		云南	
	入境旅游人数(万人)	国际旅游外汇收入(万美元)	入境旅游人数(万人)	国际旅游外汇收入(万美元)
2005	147.71	359.00	150.28	528.00
2009	209.85	643.00	284.49	1 172.00

如上所述,云南对文化与旅游的结合做得比较充分,带来文化产业和旅游业的双效益。云南文化产业总量超过广西将近一倍,跟云南旅游与文化产业的较好融合有极大的关系。

(六)文化产品对外贸易尚未成型

2009年,广西全年货物进出口总额142.06亿美元,比上年增长7.3%。其中,与东盟的贸易总值49.5亿美元,增长24.3%。2010年全年货物进出口总额177.06亿美元,比上年增长24.3%。但是,广西文化产品出口尚未形成规模,2008年出口额超过5000万美元的26种大宗商品、2009年出口额超过5000万美元的31种大宗商品中,均无文化产品。

目前,广西的文化贸易目前主要是版权贸易。列入《2009—2010年度国家文化出口重点项目目录》的三项广西文化产品,均为图书版权贸易内容,即:广西师范大学出版社的《美国哈佛大学哈佛燕京图书馆藏中文善本汇刊》、接力出版社的《淘气包马小跳》系列和《大王书》系列。“十一五”期间,广西与20多个国家和地区达成版权贸易合同的图书1503种,其中输出图书版权261种,引进1242种。

① 中华人民共和国国家统计局:《中国统计年鉴2010》,中国统计出版社,2010年。

四、东盟背景下广西文化产业面临的竞争与出路

从上述对广东、云南两省与广西文化产业状况的对比分析，可以看到，广西文化产业还比较落后，要清楚广西的定位和发展目标，采取对应的发展战略，才能应对与广东、云南的竞争。

（一）发挥自身优势，扩大市场份额

一是区位优势。在东盟背景下，广西有较云南和广东更为优越的区位优势。云南主要面向湄公河流域国家，即：缅甸、老挝、泰国，对越南等5个东盟海洋国家的交往和贸易不如广西，对外贸易总量也少于广西；广东出口主要面向中国香港、中国台湾和欧美，对东盟市场的出口额仅占广东全部出口额的约5%，东盟不是它的主要出口市场。广西有陆地和海域两个连接东盟国家的区位优势，交通便利，辐射面广，交往传统久远，交流与合作顺畅自然。尤其与越南的贸易额份额大。因而，广西要利用自身的区位优势，扩大面向东盟国家的市场份额。

二是文化优势。广西是壮族的第一大居住区，壮族与中国傣族、布依族和越南侬族、泰国泰族等东南亚民族具有人种学意义上的胞亲关系，具有相同或相近的生物基因和悠久的文化共生历史。他们以在水田中耕种水稻为生，由此形成了"那"文化（"那"在这些民族的语言中是"水田"的意思），又称稻作文化。那文化有万年以上的历史，是包含跨国界多民族具有丰富内涵的文化形态。这种文化内容，是广西文化走进东盟的一个优势。

三是具有产业优势。广西具有文化产业优势主要表现在出版业优势上。2009年，广西图书出版能力在西部地区居第1位、在全国居第9位，广西报业实力在西部地区位居前列。广西师范大学出版社、接力出版社、广西日报社等组成的出版产业在整合广西和国内的各类文化资源上都取得重大突破和成效。接力出版社被

评为国家一级出版社，被授予“全国百佳图书出版单位”称号。广西师范大学出版社总体经济规模综合排名位居全国图书出版单位第6位、大学图书出版社第2位。广西出版业不仅在西部地区和全国具有一定的实力，而且迈出了走进东盟的第一步。广西出版业成为中国出版业走进东盟的重要组成部分。

另外，广西还具有民族文化和旅游文化优势。近几年，通过整合这些优势资源取得了较大的产业效益和社会影响，如“南宁国际民歌艺术节”“河池铜鼓山歌艺术节”“印象·刘三姐”等。

（二）加大政府扶持力度，壮大文化竞争力

广西要实现2015年文化产业增加值达到1000亿元的目标，离不开政府的大力扶持。各级政府要在思想指导、战略规划、政策措施、财政投入、金融贷款、税收和管理等方面加大扶持力度。2010年，广西出台了《广西壮族自治区人民政府关于加快文化产业发展的实施意见》（桂政发〔2010〕63号）；2011年，制订并颁布了《广西壮族自治区文化产业发展“十二五”规划》（桂发改规划〔2011〕607号），提出“设立自治区文化产业发展专项资金”，并提出“有条件的市、县（市、区）要设立文化产业发展专项资金”①，文化产业的发展有了切实的资金支撑。但是，目前尚未看到落实的情况和该项资金的具体数额和使用进度表。因此，要尽快做好文化产业发展专项资金的落实工作。此外，在金融贷款、税收、土地使用等方面也应出台相应的扶持政策。

（三）捕捉市场商机，提升经营能力

中国—东盟自由贸易区的建设是广西发展的良机，特别是中国—东盟博览会永久落户南宁，使广西直接成为中国与东盟国家文化交流与产业合作的前沿。面向东盟的广西文化产业发展需要

---

① 《广西壮族自治区人民政府关于加快文化产业发展的实施意见》（桂政发〔2010〕63号）。

把握中国—东盟自由贸易区加速发展的机遇，充分运用国家和地方各级政府的优惠政策，在资源利用、要素整合、市场开发、经营理念的有机结合上调整企业发展战略，提升适应国际化经营的本领和能力，实现广西文化产业的快速发展。

（四）大力扶植民营文化企业

广西一直比较重视民营文化企业这支发展文化事业和文化产业的重要力量，积极引导和支持他们健康发展。近年来，广西突破了国家包办文化的单一模式，出台《关于加快非公有制文化产业发展的意见》，鼓励非公有制经济力量投资文化产业，为各种社会资本进入文化产业创造了良好的政策环境，同时强化服务意识，努力为民营文化企业排忧解难，逐步形成以公有制为主体，政府、社会、个人共同参与的多种经济成分、多种经营方式、多层次、多渠道、多体制办文化的新格局。目前，仅广西文化厅联系的民营文化企业合作项目就有 50 多家（个），广西广播电影电视剧联系的民营影视文化公司有 60 多家。广西文化产业发展的进程表明，大力扶持民营文化企业，调动民间力量办文化、兴产业，对于促进广西文化产业发展意义深远。

（五）推动文化产品走出去

广西和云南的外贸环境相近，就面向东盟的对外贸易情况而言，广西稍好于云南。2009 年，云南对东盟国家进出口总额达到 31.51亿美元，与 2008 年同比增长 14%，与东盟国家贸易占全省进出口总额比重达到 39.3%；广西 2009 年对东盟国家的贸易总值为 49.5 亿美元，增长 24.3%，占自治区进出口总额比重为 34.8%。要继续保持优势，可以参照以下几点实施。

一是要制订统一的广西文化产业“走出去”的发展规划，提出广西文化产业“走出去”的中长期战略目标；制订特色文化产品的设计、生产和销售计划，提出配套政策措施，列出行动线路图和实施时间表；制订保障措施，真正落实文化产品走出去的各项具体行动,完成广西文化产品和文化服务“走出去”的战略任务。

二是加大对文化产业“走出去”的政策扶持力度。参照国家对文化产品和服务政策提出的措施,大力鼓励文化产品出口,制订扶持奖励措施,如设立风险金、出口补贴、出口奖励、减免税收、改进海关管理等,依法落实减免税收优惠政策,鼓励版权输出、实物出口,适当减免民营文化产业的相关税费,支持有实力的文化企业和知名品牌采取独资、合资、股份、合作等形式拓展海外业务。广西保监局2010 年制定《关于广西保险业支持文化产业振兴和发展繁荣的实施意见》,提出积极提供出口信用保险服务等支持广西文化产业振兴和发展繁荣的三项措施,是适用性很强的政策措施。

三是进一步拓宽文化交流和文化贸易的渠道。充分运用中国—东盟博览会、中国—东盟文化产业论坛等平台,加快建设中国—东盟文化产品物流园区、中国—东盟文化产业人才培养基地、中国—东盟国家数字出版基地等重大项目,拓宽文化交流和产业合作的空间和领域;继续办好广西文化舟走进东盟活动,积极筹办中国—东盟文化产品展销会,组织企业参加“深博会”“广交会”等国内和国际重要的文化节、文博会、展览等文化交流活动;组织力量调研东盟文化消费市场的需求和空间,研究文化产品的输出策略,全面推进广西文化贸易的发展。

建设面向东盟、开放合作的区域文化中心

北部湾经济区建设把广西推到了融入中国—东盟自由贸易区建设的国家对外开放和经济发展新一极的前列，使广西站在了世界经济的前沿，也给广西经济社会和文化的发展带来了新的机遇和市场。2010 年 4 月，自治区政府颁布《关于加快广西北部湾经济区大产业大港口大交通大物流大城建大旅游大招商大文化发展实施意见》（以下简称《实施意见》），对进一步推进北部湾经济区的开放开发作出部署。《实施意见》顾及北部湾经济区发展中的综合性、现代性、和谐性的特点，涉及经济、社会、文化等多个方面的问题，是一个贯彻科学发展观、具有高度指导意义的区域发展纲领，对于加快北部湾经济区建设步伐，推进广西经济社会发展，意义重大。

一、建设“面向东盟、开放合作的区域文化中心”的主要任务

当代社会的发展，政治和经济作为硬实力，如同人体中的骨骼与肌肉，是基础和支撑；科技、文化作为软实力，如同人体中的血液与神经，是活力与牵引。经济社会的发展不仅要求生产要素的互补流动，也需要文化要素的互补交流。《实施意见》明确提出“大文化”概念，规划了把北部湾经济区建设成为“面向东盟开放合作的区域文化中心”的发展蓝图，强调了北部湾经济区发展中文化建设的重要性及其发展目标与任务，目标远大，任务艰巨，是时代赋予广西 5000 万人民的重大责任。

建设"面向东盟、开放合作的区域文化中心"这一任务,就是要把北部湾经济区建设成为面向东盟、开放合作、交流交往的大平台;建设成为实施各类文化项目的硬基地;建设成为极具影响力、竞争力与亲和力的软中心。《实施意见》的具体内容是:在今后5年左右的时间里,投资500亿元,将北部湾大学和北部湾职业教育中心建设成为北部湾人才培养基地;建成以南宁动漫城和北海动漫基地为代表的北部湾文化创意产业基地,以广西体育中心为重点的北部湾体育训练基地,以广西北部湾发展研究院为核心的北部湾研究交流基地;打造一批文化精品工程,以泛北部湾经济合作论坛为代表的一批中国—东盟合作交流平台,把北部湾经济区建设成为广西"千亿元文化产业"的重点区域,成为面向东盟、开放合作的区域文化中心。

二、建设"面向东盟、开放合作的区域文化中心"的基础和优势

把北部湾经济区建设成为"面向东盟、开放合作的区域文化中心",广西有得天独厚的优势。

1. 历史地缘优势

广西与东盟关系密切,地理上山水相连,是中国唯一既有陆路又有水路连接东盟国家的省级行政区;历史上,广西合浦是海上丝绸之路的始发港,与东盟各国的交往最早可溯至近2000年前的汉代;人文上,广西壮族与越南、老挝、泰国的多个民族有人种学上的亲缘关系,长期以来亲睦和谐、友好交往。由于这些民族起源、历史承传、地理风习以及文化交流等原因,广西和东盟国家有较多的文化认同理念和长期稳定的友好关系,这是建立区域文化中心的人文基础。

2. 时势机缘优势

中国—东盟自由贸易区的建设给广西区域文化走出去,开展

国际交流与合作提供了最大的机缘。2005年12月12日，温家宝总理出席中国与东盟领导人年度会议时提出把交通、能源、文化、旅游和公共卫生确定为新的五大重点合作领域。文化正式作为合作专项，提升了双方合作的层次。广西处于国家“南下发展”战略的最前沿，广西文化产业发展具有与东盟国家文化交流和产业合作的先锋意义。广西正在开展的与越南、柬埔寨等国家的文化产业合作，与泰国、老挝等国家的文化交流与教育合作，将中国文化和广西区域文化带到了东盟国家。

3. 文化认同优势

壮族是中国第二大民族，与中国傣族、布依族和越南依族、泰国泰族等东南亚民族具有人种学意义上的胞亲关系，具有相同或相近的生物基因。远古时代生活在中国南部和东南亚中南半岛北部的骆越人，是这些民族的共同祖先。“那”（或“纳”），在这些民族的语言中是“水田”的意思。他们以在水田中耕种水稻为生，由此形成了“那”文化，又称稻作文化。那文化体现在中国壮、傣、布依等民族和东南亚中南半岛多国多民族长期形成的生产制度、家庭制度、生活习俗、宗教信仰以及语言、地名等多方面，有万年以上的历史，形成一个包含跨国界多民族、具有丰富内涵的文化生态圈。那文化使广西与东盟国家在文化交流中有着极大的文化认同优势。

4. 特色项目优势

广西的一批特色优势文化和文化产业与东盟国家联系密切，走出了广西文化资源开发与东盟文化产业合作的第一步。(1) 以山水旅游为特色的山水实景演出如《印象·刘三姐》在东盟国家中形成较大影响，已进入了产业合作层面，在越南下龙湾实施海上实景演出项目，也与柬埔寨达成了合作意向，将在柬埔寨吴哥窟共同建设实景演出《高棉的微笑》。(2) 以商贸交易和节庆联谊交往为特色的节庆会展产业，如中国—东盟博览会和南宁国际民歌艺术节，吸引东盟国家的积极参与，规模越办越大。(3) 以中越边境生活为特色的电视剧，如《边贸女人》等，在越南等国家有较高的收视率。(4) 面向东盟的广西出版物也进入东盟市场。以接力出版社的《小聪仔》为代表的期刊销往新加坡、马来西亚等地，拥有众多海外小读者。

三、建设“面向东盟、开放合作的区域文化中心”的措施

广西在中国经济的大格局中仍处于欠发达地区，要在 2020 年前与全国同步建成全面小康社会，还需加倍努力。目前，广西形成了“优先发展广西北部湾经济区，推动形成‘两区一带’发展新格局，建设大产业、大港口、大交通、大物流、大城建、大旅游、大招商、大文化”的经济社会发展方式，在建设“面向东盟、开放合作的区域文化中心”方面，应当采取以下措施。

1. 加大文化建设力度

广西由于长期处于欠发达状态，在以往一段时间里，发展经济、加快地区 GDP 增长一直是各级政府的主要任务，对文化建设的关注和投入在一定程度上显得不足。当前，大力推进北部湾经济区建设，必须“八大任务”并重，切实加大文化建设力度。政府是文化建设的决定性因素，必须加大政策引导与扶持力度，鼓励、扶植文化事业发展与文化产业经营，在文化基础设施建设、文化项目打造、文化产业经营、文化人才培养等各个方面加大财政资金投入，要像建高速路、建立交桥、建花园绿地一样投入充分的文化建设资金，发挥主导作用。企业是文化建设的重要力量，应该在转变经营方式，提高科技创新能力，寻找文化创意产业商机等方面改变投资方向，改善经营，增加效益。民众素质和社会文化氛围是文化建设的基础。社会各界应通力合作，广泛开展各类文明健康的群众性文化活动，掀起文化建设新高潮；民众自觉遵守社会公共道德

和社会秩序，提升文化素质。如此坚持数年、十来年，将实现北部湾经济区以至全广西人民文化素质提升、文化设施增加和文化氛围的形成。

2. 搭建多样的文化平台

形成区域性文化中心，必须搭建多元文化、多样功能、多种类型的文化活动与交流平台，让各种文化类型和文化要素活跃生长、共生共荣。首先搭建多元文化、多民族文化和国际文化的活动平台，如文化生态园区、文化类型博物馆、艺术展示场馆、国际性论坛、代表性建筑等；其次搭建功能性文化平台，如文化产业创意与生产园区、文化产品贸易园区或交易会、文化人才培训基地（大学）、文化交流与研究基地等；再次搭建文化组织活动平台，如中国—东盟文化合作组织机构，采取中国与东盟国家的文化、广电、新闻出版、旅游、教育等主管部门共同主办，地方政府或企业承办的方式组建，也可以是民间组织自发组建的文化产业联盟、行业商会、协会等，共同建起具有多方多层次协商机制的协调职能机构，运作相关文化活动与项目，管理相关业务。

3. 促成城市文化实力提升

《实施意见》中的“八大”任务是一个完整整体，是构成北部湾经济区发展的完整规划。其间，大文化建设与大城建、大交通、大旅游尤其密切相关。城市文化实力的提升，是建设“面向东盟、开放合作的区域文化中心”的关键。城市文化实力，包括文化创意产业的竞争力、文化内涵的影响力、文化形象的吸引力与文化氛围的亲和力。由上述四力构成的城市文化实力，会自然聚合为一个特殊的文化场，场力的大小，在于竞争力、影响力、吸引力、亲和力的大小以及四力聚合结构的优化程度，也决定了其成为“文化中心”的区域广度与引力力度。可以认为，把南宁建成区域性国际城市和广西首善之区，与把北部湾经济区建设成为面向东盟、开放合作的区域文化中心，是相辅相成的任务。因此，要使城市化建设和文化建设同步进行，使大文化、大城建、大旅游同步进行，在发展资金的投入、管理体制的改革、发展规划的制订等方面，均需有所改进和创新。创造竞争力、影响力、吸引力、亲和力的实力增长与同步扩张，真正实现以南宁为龙头，带动北、钦、防等北部湾城市群整体实力提升的新局面。

放大“南宁文化”，参与中国—东盟自贸区经济文化合作

2005年12月12日，温家宝总理出席中国与东盟领导人年度会议时提出：把交通、能源、文化、旅游和公共卫生确定为双方新的五大重点合作领域。文化正式作为合作专项，提升了双方合作层次。开展中国—东盟自由贸易区建设中的文化项目合作和相关研究，已成为实施国家发展战略的重大任务之一。

广西处于中国—东盟区域合作战略的最前沿，其作为自治区首府，其文化具有统领广西文化的先锋意义，应当放大“南宁文化”概念。要通过对南宁文化的发掘和准确定位，发挥出文化参与泛北部湾经济合作发展的作用：为中国—东盟自由贸易区建设发掘文化动力；以文化力促进中国与东盟的全面合作，深化中国与东盟各国的政治互信、睦邻友好和文化交流合作；为以文化力推动中国—东盟合作发展框架下的区域经济合作提供参考意见。

具体说到南宁文化，笔者认为优势在民族文化方面。壮族是中国第二大民族，与中国傣族、布依族和越南侬族、泰国泰族等东南亚民族具有人种学意义上的胞亲关系，具有相同或相近的生物基因。远古时代生活在泛北部湾区域的中国南部和东南亚中南半岛北部的骆越人，是这些民族的共同祖先。这些民族以在水田中耕种水稻为生，由此形成了“那”文化，又称稻作文化。“那”（或“纳”），在这些民族的语言中是“水田”的意思。那文化体现在泛北部湾区域多国多民族长期形成的生产制度、家庭制度、生活习俗、宗教信仰以及语言、地名等多方面，形成包含跨国界多民族具有丰富内涵的文化生态圈。笔者认为，通过对“那”文化的发掘和

扩大对外交流，产生辐射效应，发挥其文化生产力，可以作为南宁文化参与泛北部湾区域合作建设的文化工作重点。围绕着那文化的文化产业资源开发形式可以是以下一些：文化遗产的保护与开发、节庆经济、民族旅游、民族艺术对外交流等。

我们面向的是国际文化、国际市场，“南宁文化”概念应当放大。南宁文化不应只是南宁市文化，应当放大成为代表广西南部的代表性区域文化、广西壮族主要居住区的一种区域文化。因此，发展南宁文化不能孤立一地和一种文化的操作，应与相关区域、相关文化形成合力，联合发展。可以先从南宁做起，联合百色、崇左和“钦北防”；先从民族文化做起，带动其他文化，如历史文化、旅游文化、体育文化、演艺与美术文化，等等。这样，南宁文化才能挺起脊梁，在参与中国—东盟区域经济文化合作中发挥出文化力量。

时代赋予南宁难得的发展机会。南宁，应当在中国—东盟区域合作发展战略中大显身手。南宁应建设成为一座能充分容纳人流、物流、资金流、信息流的现代化大都市，成为西南地区的综合性中心城市，展现出一种大模样、大气度、大文化的民族风貌。南宁，必须为广西，为广西的5000万人民，担当起这一历史重托。

中国—东盟自贸区建设背景下的社会科学走进东盟研究

——基于广西壮族自治区的数据

一、广西社会科学走进东盟基本情况

（一）研究历史与背景

中国与东盟国家山水相依，海域相邻，在长期的历史发展过程中交往密切，但是，在战争动乱和生产力不发达的时代，国家与国家之间的社会科学交流活动几乎没有提上议事日程。国内传统的研究对象主要是东南亚历史、华侨华人史、中国与东南亚关系史，学者们主要倾力于历史研究。自20世纪90年代特别是21世纪开始，随着中越关系的变化以及越南、老挝、缅甸、柬埔寨先后加入东盟，社会科学对东南亚的研究有了新的发展：一是开拓了一些此前无人或少人问津的领域，例如东南亚华文传媒研究、东南亚文学戏剧研究、东南亚宗教研究、东南亚法律研究、东南亚教育研究、东南亚政治研究、东南亚外交研究、东南亚民族起源研究以及东南亚文化研究等等；二是对东南亚研究的学术重心发生了转移，由以前着重历史研究转向现实问题研究，尤其是对东盟经济问题的研究，已居于东南亚研究专题之首，对政治类、文化类研究也逐渐增多，而传统上的东南亚历史研究，已渐式微。这些变化，拓展了中国与东盟国家的联系和交流的领域，强化了与东盟国家现实利益的关切度，更利于中国与东盟国家的交流和获得这些国家的认同。这些均为新世纪以来广西社会科学逐渐走进东盟打下了良好的基础。

（二）新世纪以来的研究热潮和成果

2001 年 11 月在文莱举行的第五次东盟与中国“10 + 1”会议上，中国与东盟正式决定在 10 年内建立中国—东盟自由贸易区。这促使中国和广西的东盟研究逐渐升温。2003 年 10 月，国务院总理温家宝在第七次中国与东盟领导人会议上提议，从 2004 年起，每年在广西南宁举办中国—东盟博览会。中国与东盟建立自由贸易区和中国—东盟博览会落户南宁，直接推动广西掀起东盟研究热潮和促使广西社会科学逐步走进东盟。

1. 研究成果大量涌现

自 2003 年起，广西研究中国—东盟博览会和东盟的成果开始大量涌现，之后几年，相关研究持续升温，研究成果逐年增多，许多此前并非专门研究东南亚或并非专门研究外国问题的学术机构和学者也进入这一领域，研究课题琳琅满目，辐射到经济、社会、文化多个方面。其中，由广西壮族自治区人民政府办公厅、广西壮族自治区党委宣传部组织编写，广西社会科学院统编的《中国—东盟自由贸易区与广西》中，集中介绍了有关东盟的知识及东盟各国的概况、中国—东盟自由贸易区、中国—东盟博览会及其给广西带来的影响，以及广西应采取的对策；2005 年起由许家康等主编、每年出版一本的《中国东盟年鉴》，分设概况、动态、发展报告、东南亚国家联盟、中国—东盟自由贸易区、中国—东盟博览会、新闻人物、大事记、文献、工商资讯、统计资料、附录等 12 个部类，客观记述中国及东盟各国各年基本情况和基本资料；沈北海主编的《泛北部湾区域合作研究》，古小松主编的《中国—东盟知识读本》《越南国情报告》，广西民族出版社出版的《东盟十国文化丛书》等，是其中影响广泛的重要著作。据初步统计，仅 2009 年，广西学者出版有关中国—东盟研究的著作和工具书

8部,发表论文340篇①。

2. 为政府提供决策参考的对策性研究发挥重要作用

广西社会科学的研究以大量的论文、著作等学术成果和会议交流的方式搭建了联络东盟国家政府、工商企业、学术机构、华人社团等各界人士的桥梁,其深刻的思想见解和创新的对策意见,支撑了中国和广西的发展战略以及中国—东盟自由贸易区的建设,获得了国内各级政府和东盟国家的普遍认同,有的对策意见直接进入了党委、政府的政策文件和发展规划,充分发挥了社会科学作为党委政府思想库的作用。其中,有关对建设中国—东盟自由贸易区和办好中国—东盟博览会的研究、构建对泛北部湾经济区的研究,是与东盟国家联系最为密切、影响最大、得到最多认同的研究成果。

有关建设中国—东盟自由贸易区和办好中国—东盟博览会的研究,直接为国家发展战略的实施、为中央政府和广西地方政府联合东盟10国在南宁举办中国—东盟博览会这项大型国际会展活动提供决策思路,意义重大。从总体上研究中国—东盟自由贸易区的研究成果有:陈文《东盟自由贸易区和中国东盟自由贸易区》,贾晓婷《论建立中国—东盟自由贸易区的原因和基础》,王磊荣《中国—东盟自由贸易区建设面临的挑战》,汪琳《中国东盟自由贸易区相关问题探讨》,范祚军、唐奇展《中国东盟自由贸易区财政政策协调的理论分析——CAFTA进程与宏观经济政策协调研究系列之二》,胡均民《中国东盟自由贸易区:贸易趋势与效应分析》,黄成授《万隆精神与中国—东盟自由贸易区》,黎文美等《中国东盟自由贸易区框架协议:21世纪中国东盟关系的新发展》,刘学之、徐流美《中国—东盟自由贸易区建立进程中我国的

① 发表论文篇数引自《广西社会科学年鉴·2010》,广西人民出版社,2010年,第40页。

应对之策》，徐流美《论中国东盟自由贸易区建立进程中中国的应对之策》，邹辉静等《中国—东盟自由贸易区的进程及影响》，王磊荣、蓝小林《不可忽视的非经济竞争矛盾：中国—东盟自由贸易区带来的区域性矛盾探讨》，邓璐遥《政府公共服务能力的提升与中国东盟自由贸易区的运行》等；研究区域经济与贸易的有：李红《2002 年中国与东盟贸易分析》，张恒松《中国—东盟经济合作探讨》，李永宁、陈秀莲《中缅经贸关系探讨》，程名望等《中菲贸易现状及前景分析》，粟珍《中国—东盟自由贸易区对西部民族地区经济的影响及对策》等；研究金融问题的有：覃延宁《中国—东盟自由贸易区与人民币国际化》，朱仁友《中国—东盟区域金融合作探析》，韦铁《中国—东盟自由贸易区中的宏观金融风险》，范祚军《中国—东盟自由贸易区框架下宏观金融政策协调的理论分析》，张家寿《最优货币区理论与东盟货币一体化》《中国—东盟区域金融合作：背景、进程与发展趋势》，王选庆《中国—东盟自由贸易区基础金融理论问题探讨》等；研究产业经营的有：梁声记《中国—东盟自由贸易区建立对我国荔枝龙眼产业的影响》，覃晓阳《产业转移与中国东盟自由贸易区的发展》，易扬、娄亮华《中国—东盟自由贸易区构建下的我国糖业发展》，吴声光、李朝阳《中国东盟自由贸易区建设与体育产业结合的思考》等；研究中国—东盟自由贸易区建立对广西影响的有：陆义敏《中国—东盟自由贸易区框架下广西的机遇》，李玫宇《中国—东盟自由贸易区建立与广西经济发展对策思考》，张永成《中国—东盟自由贸易区（CAFTA）建设与广西发展机遇探讨》，黄远忠、黄义芳《广西如何争当中国东盟自由贸易区的桥头堡》，马金案《广西致力构筑中国—东盟自由贸易区"桥头堡"》，梁文海《中国—东盟自由贸易区市场开拓速度加快对广西出口商品重点市场的选择初探》，李慈军《广西农垦与中国—东盟自由贸易区的对接研究》，赵明龙《培育中国东盟自由贸易区广西物流中心构想》，陈绍贵《建立中国—东盟自由贸易区进程中广西现代物流业发展研究》,杨亚非《中国—东盟自由贸易区与广西农业》,杨然《试论中国—东盟自由贸易区与桂越港口合作》等;研究中国—东盟博览会的文章有:古小松《打造中国—东盟交流合作平台促进中国—东盟友好合作发展——中国—东盟博览会战略定位研究》,刘建文《如何办好中国—东盟博览会的建议》,周毅《从国家战略的角度解读中国—东盟博览会》,李世泽《中国—东盟博览会在南宁举办的条件分析及其启示》等;研究中国—东盟文化问题的论文有:潘春见《文化促进中国与东盟的经贸繁荣》,李建平《文化认同理念是中国—东盟自由贸易区建设的基石》《以三大文化理念发掘中国—东盟合作发展文化产业的巨大资源》,陈亮《中国企业开发东盟市场跨文化冲突研究与对策》,蒋玉莲《影响中国—东盟文化交流与合作的因素及对策分析》等。这些论文,从各个层面和角度对建设中国—东盟自由贸易区和办好中国—东盟博览会发表了积极的建议和适用的对策意见,促进了中国—东盟自由贸易区的健康发展和历届中国—东盟博览会的顺利举办。

有关环北部湾—泛北部湾区域经济合作与发展是影响最为广泛、意义更为重大的社会科学研究成果,它最早由广西社会科学院周中坚研究员在20世纪80年代提出。2004年以后,该院科研人员进一步深化、丰富这一构想,使其逐步成型完善,最终被政府决策采纳,在2006年7月环北部湾经济合作论坛上由时任中共广西壮族自治区委员会书记刘奇葆正式提出。它得到了党和国家领导人的充分肯定和积极支持,得到了东盟有关国家领导人的积极回应和认可。该构想提出,可以从中国与东盟的结合部——中越"两廊一圈"——率先开展泛北部湾区域合作,同时优先开展海上港口与港口物流的合作;采取灵活多样的合作模式,建立多层次的合作机制,积极搭建交流平台。同时,充分发挥广西在泛北部湾合作中作为区域性交通枢纽、交流平台、产业合作平台、信息中心以及桥头堡的重要作用。它将泛北部湾经济合作区发展成为在中国和东盟的合作框架下的一个海上次区域合作。实现这一目标的路线图是:中国地方政府提出→国家战略→中国—东盟战略→泛北部湾经济合作协调机制;实现的步骤是:中国地方政府提出→各方达成共识→中国与东盟共同推进。这一发展构想,最终形成《广西北部湾经济区发展规划》,2008 年 1 月经国务院批准实施。泛北部湾区域经济合作构想由学者的思想演化为政府的战略决策与行动,发展成为中国与东盟国家合作的国际性合作协调机制,鲜明体现了社会科学"在我国经济社会发展中具有不可低估的战略地位,发挥着不可替代的重要作用"。①

二、社会科学走进东盟的途径

(一) 与东盟国家学者共议发展的学术会议频繁召开

进入 21 世纪以后,有关中国—东盟博览会和东盟问题的学术会议在广西频繁召开。2002 年 11 月 22 日,由广西壮族自治区人民政府主办,广西社会科学院承办的首届"中国(广西)与东南亚经济合作论坛"在南宁跨世纪大酒店举行,参加会议的代表有来自中国、越南、老挝、柬埔寨、泰国、缅甸、新加坡等国家以及东盟秘书处官员、学者,共 300 多人。时任自治区人民政府主席李兆焯先生出席会议并致开幕词。2003 年 2 月 24 日—25 日,中国—东盟自由贸易区高层论坛在桂林举行。来自东盟 10 国和中国外经贸部、12 个省市自治区政府部门的官员、专家学者共 200 多人,就中国—东盟自由贸易区的建设和双边经济合作进行研讨和交流。2003 年 11 月 11 日—12 日,首届中国(广西) 东盟经济管理高等院校国际合作论坛暨学术研讨会在广西大学举行。来自东盟各国

① 《中共中央关于进一步繁荣和发展哲学社会科学的决定》,2004 年 1 月。

9 所大学和国内 11 所大学及科研院所的 70 多名专家学者参加。2003 年 11 月 16 日—17 日，由自治区党委宣传部主办、广西社会科学院协办的中国—东盟自由贸易区与广西发展高层论坛在南宁举行，参加论坛活动的专家学者就中国与东南亚的合作与发展，如何让国内外企业在广西更多地获得中国—东盟自由贸易区的早期收益，南宁如何建设国际化城市，如何办好中国—东盟博览会、打造中国—东盟交流合作平台等问题提出意见和建议。2005 年以后，与东盟国家交流的学术活动更多，仅 2005 年有：5 月 30 日由广西写作学会、广西文艺理论家协会、广西民族学院、中国东盟研究中心在南宁联合主办的中国—东盟文化论坛；9 月 1 日—2 日在南宁由中国法学会主办，中国法学学术交流中心、广西法学会承办的中国—东盟法律合作与发展高层论坛；10 月 20 日—21 日，中国—东盟博览会秘书处、中华全国律师协会、法制日报社、广西律师协会在南宁联合主办的第二届中国—东盟自由贸易区法律事务论坛；11 月，由广西财经学院发起并与国际商报社、北京中国东盟之友商务顾问中心在北京联合举办 2005 中国—东盟财经论坛；12 月 17 日—18 日，在南宁由广西大学和广西国际博览事务局主办，中国—东盟研究院和广西大学东南亚研究中心承办的首届中国东盟经贸发展论坛；这些论坛，均有来自中国和东盟的政府官员和专家学者出席。这种高规格、高质量的学术交流会议每年都频繁举行。据初步统计，2006 年—2009 年，广西召开的涉及中国—东盟关系和关于中国—东盟博览会的学术会议共 37 次①。一些制度化的年度重要会议更是影响广泛，效益明显，如 2004 年 11 月第一届中国—东盟博览会期间，召开了中国—东盟商务与投资峰会，此后每年博览会期间都举办该会，至 2010 年，已成功举办 7 届，成为中国—东盟研讨经贸合作与发展的重要论坛；文化部文化产业司

---

① 据《广西社会科学年鉴(2007—2010 年)》统计。

与广西文化厅自2006年起，每年举行中国—东盟文化产业论坛，至2012年，已举行了7届；由中国社会科学院国际研究学部、广西社会科学院、广西国际事务博览局联合举办的中国—东盟智库战略对话，自2008年起，每年举行，至今已举办4届。这些活动，促进了中国与东盟国家的学术与文化交流以及产业合作，在东盟国家中产生了积极的影响。

（二）接待东盟国家的访问团并开展合作研究

21世纪以来，东盟国家特别是与我国毗邻的中南半岛国家，十分重视我国改革开放以来的发展经验，在积极开展经济合作与文化交流的同时，重视开展对中国和广西社会科学界的交流与合作。仅广西社会科学院2005年以来接待的东盟国家来访团队就达50余个，如2009年接待泰国驻南宁总领事馆代总领事安特蓬一行、越南高平省代表团、柬埔寨和平与合作学院的访问，2010年接待老挝社会科学院考察团、泰国政商学界代表团(2次)的访问，2011年头4个月接待越南胡志明市国家政治行政学院访问团和马来西亚新纪元学院访问团的访问。东盟国家中有社会科学院建制的越南和老挝两国，近几年每年派出社会科学考察团到中国广西访问考察，与广西壮族自治区领导和广西社会科学院专家学者座谈交流，并合作开展相关课题研究。21世纪以来，由广西社会科学院、广西壮学会专家与泰国艺术大学学者合作完成的《壮泰民族传统文化比较研究》用中泰两国文字出版，获得广西第八次社会科学研究优秀成果一等奖。2010年，广西社会科学院和越南越中友好协会合作编撰的《中越友谊的历史见证——桂林育才学校资料选编》由广西人民出版社出版，与老挝社会科学院合作编撰的《中老友谊的历史见证——老挝“六七”学校资料选编》于2011年出版。其他合作出版著作还有《中越经济改革比较研究》(中文版、越文版)、《东盟—中国合作框架下发展中越“两廊一圈”经济》(越文版)等。

（三）出访东盟国家参加国际学术会议或开展科研考察

广西社会科学工作者多次走进东盟，以多种形式在东盟各国作学术交流和社科项目考察。

一是多次参加东盟国家举办的国际学术会议并作学术演讲或发言。以广西社会科学院近几年出席部分东盟国家举办的国际学术会议为例：2005 年，广西社会科学院和广西社科联派员赴河内出席越南社会科学院举办的中越建交 55 周年国际学术研讨会；2006 年 1 月，农立夫等赴新加坡出席新加坡国立大学东南亚研究所举办的"东南亚学在中国"国际研讨会；同年 12 月，农立夫出席柬埔寨皇家科学院举办的"东南亚文化价值：交流与合作"国际学术研讨会议，刘建文出席越南海防市举办的中越"两廊一圈"经济发展国际研讨会；同年 9 月，广西社会科学院孙小迎出席越南举办的"反对跨境拐卖研究综合报告会"。2007 年 5 月，农立夫到越南参加由崇左市政府和越南工商会在河内共同举办"南宁—谅山—河内—海防经济走廊建设"研讨会；同年 12 月，农立夫、刘建文前往越南老街省参加"昆明—老街—河内—海防经济走廊"建设研讨会。2008 年 1 月，赵明龙出席在泰国曼谷召开的第十届泰学国际研讨会；同年 3 月，韦克义等出席越南社会科学院举办的泛北部湾区域合作交流会。2009 年 7 月，广西社会科学院院长吕余生出席泰国孔敬大学湄公河学院举办的"大湄公河次区域相发展与合作协商会议"；同年 7 月，农立夫等赴越南参加由越南外交部外交学院主办的"中越关系研讨会"；同年 10 月，古小松出席新加坡举办的"中国与大明区域和次区域合作研讨会"，等等。

二是派出学者作学术访问。近三年来，广西社会科学院每年派出不少于 30 天/人的学者到越南、老挝两国社会科学院作学术访问，就两国利益相关课题开展合作研究；2009 年，该院还派出东南亚研究专家到新加坡开展为期三个月的访问学者工作，取得新的研究成果。

三是开展社科专项课题考察。2004 年 4 月,广西社会科学院与广西旅游局联合组团赴马来西亚作“广西与东盟旅游合作考察”。2009 年 7 月,广西社会科学院与广西交通厅组成南宁至新加坡交通通道考察组,驾汽车由南宁出发,经越南、柬埔寨、泰国、马来西亚、新加坡等国,全程 16 天,车程 31 小时,与越南、泰国多家机构座谈,并作充分调查,完成《中国与东盟交通合作战略构想》研究报告,为中国与东盟相关国家建立海陆空交通通道提供了可靠资料;同年 5 月,广西抗战文化研究会组团赴马来西亚、新加坡开展“东南亚二战遗址考察”,在马来西亚和新加坡两国考察“二战”遗址 8 处,完成调研报告《关于新加坡、马来西亚“二战”遗址的调查和思考》,在《抗战文化研究》第三辑发表,《世界华文作家》全文转载。2010 年和 2011 年,中共广西区委党校文化产业考察组由陈学璞率领,分两次到柬埔寨、泰国、马来西亚、新加坡作“文化遗产保护与文化产业开发”调研,完成调研报告《面向东盟背景下的广西文化产业发展研究》,阶段性成果已在报刊发表。

四是一般社会考察。这类考察以考察别国社会民俗、自然景观和文化遗址为主,广西社科联、广西社科院等机构、社团和广西各高校都组织开展过,尤以去越南考察的团队最多。

(四) 建立合作发展社会科学的协议和制度

由于地域相邻、历史关系密切,广西社会科学界与东盟国家联系较早、交流和合作较多的国家是越南。20 世纪 90 年代初,中越两国恢复正常关系后,广西社会科学院在 1991 年越南社会科学院来访时就签订了两院合作交流互访的协议(2009 年又修订和重新签订该协议),同年,与老挝社会科学院签订了合作交流协议。2005 年 7 月,广西社会科学院壮学研究中心与泰国西北大学研究生院签订合作交流协议,2009 年,广西社会科学院东南亚研究所与泰国湄公河学院签订战略合作协议。广西多个高校的科研院所也与一些东盟国家的大学和科研机构签订了科研合作协议。相关合作协议的签订使广西社会科学走进东盟制度化并量化，国际性学术交流和学者互访活动得以长期固定下来。

（五）借助新闻出版媒体进入东盟

20 世纪 90 年代以来，广西社会科学的大量优秀成果通过新闻出版媒体推出，进入东盟国家市场，产生极好的社会和经济效益。广西学者的著作被翻译到东盟国家的有《胡志明主席在中国》（越文）、《胡志明与广西》（越文）、《胡志明与中国》（越文）、《胡志明汉文诗抄·注释·书法》（越文）、《壮泰民族传统文化比较研究》（泰文）、《壮族》（泰文）、《中国古典文艺理论例释》（越文）、《中越经济改革比较研究》（越文）、《东盟—中国合作框架下发展中越"两廊一圈"经济》（越文）等，一些关于中国—东盟自由贸易区建设的汉文著作也在东南亚学术界和华人圈里传播，如《中国—东盟年鉴》《中国—东盟博览会发展报告》《中国—东盟商务与投资峰会发展报告》《中国—东盟知识中英文简读本》等。

三、存在问题

（一）相关研究成果在国内受到重视，但较少进入东盟主流视野

目前研究中国—东盟自由贸易区建设和东盟问题的论文虽然很多，但大多数只是在国内发表和受到重视，有的在进入政府决策后发挥作用，进入东盟国家的大多也只是进入华人圈，能进入东盟国家主流社会并产生影响的成果还不多。

（二）社科力量不够强，科研人才不够多

目前广西专门从事东南亚研究的科研人员不多，尤其是能够掌握东南亚国家语言、熟悉东盟国情的专业社科专家极少。广西社会科学院东南亚研究所只有 16 名研究人员，研究越南问题的力量最强，人数最多，对其他东盟国家的研究，基本上是一个国家只

有一两人在做研究，力量太弱。如今广西大量的东盟研究成果是不懂东南亚国家语言、只是对东盟国家经济社会和文化略有了解和初步研究的其他门类的研究人员和高校教师做的，因而研究质量不高，存在着大量的低级研究产品和重复研究课题。

（三）进入政府决策的社会科学成果不多

近几年的实践表明，社会科学成果要真正进入东盟，必须转化为政府的决策思想和政策文件，通过中国与东盟政府间的联络沟通，产生实际效力。这方面还需要社科人员作更多的努力，适应社会科学由基础研究到应用对策研究的转变。

四、促进社会科学走进东盟的对策建议

（一）加大对社会科学的投入

应当加强广西研究东南亚、东盟的社科力量，加大对社会科学研究的重点学科、项目和基础设施建设的投入；增加广西社会科学院东南亚研究人员的编制；设置广西研究北部湾经济区和研究东盟问题的专项资金；加大对广西社会科学事业经费的拨付（重点对广西社会科学联合会和广西社会科学院），每年财政拨付的社会科学发展经费应随着地方财政收入的增长，比例相应提高，使其为广西改革开放和经济社会发展提供强有力的理论指导和智力支持。

（二）将广西社会科学院和广西北部湾发展研究院建设成走进东盟的生力军

进一步办好广西社会科学院和广西北部湾发展研究院，将其办成广西社会科学走进东盟的生力军。由自治区党委和政府直接指导广西社会科学院构建哲学社会科学创新体系，其创新体系的目标是：通过建设五项重大工程（重点学科建设工程、重大课题研究工程、网络信息化工程、人才队伍建设工程、科研与国际学术交

流工程),形成三大研究中心(广西经济与社会发展研究中心、区域文化和民族发展研究中心、东南亚研究与对外开放研究中心),充分发挥两大作用(促进广西经济社会发展的无可替代的“智库”作用、自治区党委和政府决策的思想库、智囊团作用),把广西社会科学院建设成为以马克思主义为指导的人才荟萃、学科布局合理、体制完善、机制灵活,在东南亚有一定影响、具有国内中上水平的省级社会科学院。

(三)搭建平台

要走进东盟,必须搭建多元文化、多样功能、多种类型的社科活动与交流平台,让中华文化与东盟各国的各种文化类型和文化要素活跃生长、共生共荣。活动平台包括面向东盟问题研究的社科与文化研究中心等研究平台,国际性论坛等学术性交流平台,中国—东盟社科研究合作组织机构等临时组织机构平台,借助新闻出版媒介物走出去的传播平台,等等。

(四)完善人才建设机制

根据广西发展战略和发展新形势制订和修订人才培养目标和规划,有针对性地做好面向东盟国家的公派出国留学和学者访问工作的规划和服务工作,促进相关人才尽快成长,培养一批从事中国—东盟研究的高素质的青年哲学社会科学各学科的带头人、若干名国内乃至国际知名专家。

第四章

文化开发与文化产业发展

发掘广西文化优势，开拓文化创新途径

贯彻党的十七届六中全会精神，促进社会主义文化大发展、大繁荣需要多方面合力、多要素推进。其中，提升文化创新力是核心要素。广西历史悠久、文化源远流长，各族人民在长期的社会实践中，创造了光辉灿烂的多元文化，传承广西优秀文化传统、发掘广西文化优势，是我们提升文化创新力的重要途径。

一、广西文化优势分析

笔者认为，广西文化优势表现在以下几个方面：

（一）文化多元

在广西这片土地上，原生的骆越文化和秦汉以后进入岭南的中原文化是最重要的文化源头。进入近代社会以后，广西文化进入成熟期，形成多元共生的文化格局，逐步形成三个文化板块：一是以红水河作为辐射、主要分布在广西西部和西南部以壮、瑶、苗、侗为主体的少数民族文化。由广西这块土地上的土著人所开创的这种文化，是广西传统文化的一部分，现今留存的代表性物化形态是桂西的铜鼓和桂西南的花山崖画。二是以漓江和灵渠为辐射、主要分布在广西北部的汉族中原文化。这是由秦始皇派50万军队开发岭南，历代南迁的官员、难民带来中原先进文化并随之在广西传播开来所形成的广西主导文化，现今留存的代表性物化形态是桂北的兴安灵渠和明代靖江王府、王陵。三是以北部湾海洋和西江为辐射，主要分布在广西南部和东部的粤文化。这是由近代商贸文化沿北部湾海岸线和由珠江口逐渐向上游播迁，使得广西南部沿海和近粤的桂东地区更多地接受了近代商贸经济观念所形成的文化，其代表性物化形态是容县真武阁、各地的粤东会馆和分布于西江干流及其主要支流沿岸大小城镇的骑楼建筑。广西文化，实际是以上三种文化并存共生、三位一体的多元文化形态。三大文化形态殊异、交融互补，为广西造就了弹性极大、可塑性极强、创生性极好的文化质地和文化空间。

（二）自然天成

广西文化具有自然天成的特点。文化的诞生与环境密不可分，广西文化的生成离不开山石江水，离不开林木花卉，离不开太阳照射在东经109.5°~111.5°、北纬24.5°~26.5°这一方空间的温暖舒适的阳光。中国文化中有五行相生的物质概念，五岭南部这片土地里独有的金、木、水、火、土，构成了广西美丽和谐的地理环境及随之而生的风土人情。

养育与成就了广西的第一大自然物是山。山，在五行中属金，它是支撑起广西的坚硬骨骼，既包括以桂林和桂西为代表的喀斯特山峦，也包括横亘湘桂两省区构成广西屏障的南岭诸峰。其中最有名的就是1935年12月红军长征突破湘江后翻越的第一座大山、“五岭逶迤腾细浪”中的五岭之首——越城岭，其主峰猫儿山海拔2142米，为华南第一高峰。广西地理地势，正好是背倚越城岭，簇拥桂南平原，涵揽北部湾海域。山与水，组合成了极佳的风景。

养育与成就广西的第二大自然物是水，它是广西的血脉。3.7亿年前，广西这里原是一片汪洋大海，后来由于地壳隆起，海水消退，加上亿万年的风化和溶蚀，广西成长为世界岩溶峰林景观发育最完善的典型地区之一。广西的桂林，又是流往珠江的漓江和流往长江的湘江这两条河流的发源地。一条秦代修筑的运河——灵渠，贯通漓江和湘江，使广西的土地获得了2000余年长江与珠江两大水系及其文明的滋养。贯穿广西全境的红水河、西江，冲出广西汇入珠江，成为中国第三大水系。北部湾海域的辽阔，孕育广西发展的无限希望。

一代又一代的广西人民就在这山与水交融的土地上繁衍与生长。据百色手斧的考古发现,80 万年前,属于旧石器时代的远古人类就生息在这里。秦代以后,广西融入中华版图和中华文明圈,壮、汉、瑶、苗等各族人民,在葱葱郁郁的越城岭、大瑶山、十万大山和北部湾海岸,建造起美丽的家园,创造了灿烂的文化,形成了自然天成的和谐文化。

(三) 和谐相生

大自然赋予这块土地的内涵是和谐,山与水是最好的和谐。生息在这里的人们创造的文化,其内涵也是和谐。越城岭与灵渠的组合,催生了岭南文化。广西三种文化和睦相处、和谐共生。千百年来,广西的土地上虽然爆发过反抗封建压迫和外敌入侵的多次战争,但从没有爆发过激烈的文化冲突,以及民族间的冲突与战争。广西的和谐与美丽,是自然之和谐,自然之美丽;展现了广西文化的丰富多彩和多元共生,表现了广西文化的悠久、深厚和美丽。

(四) 睦邻东盟

壮族是中国第二大民族,广西是壮族人口最多的自治区。壮族与本国的傣族、布依族和越南的侬族、泰国的泰族、老挝的佬族等东南亚民族具有人种学意义上的胞亲关系,具有相同或相近的生物基因。远古时代生活在中国南部的骆越人,是这些民族的共同祖先。广西民族大学范宏贵教授的研究成果表明,壮族与东南亚国家越南、老挝、泰国、缅甸 4 个国家以及南亚的印度共 20 个民族有亲缘关系,其中与越南的岱族、侬族、拉基族、布标族、山斋族的关系最为密切,属亲兄弟关系,与其他 15 个民族,属堂兄弟关系。① 壮族文化与东盟多国的民族文化具有天然的联系与和谐的

---

① 范宏贵:《壮族在东南亚最亲密的兄弟》,《广西民族学院学报》,2005 年第 1 期。

交流,因而具有睦邻东盟的极佳优势。

二、开拓文化创新途径

(一)发掘和保护好原生民族文化生态,扩张艺术想象力

广西地处中华版图的极佳区位,山清水秀、民风淳朴,自然和人文生态均保护良好,构成了广西文化自然天成的生成机理。12个世居民族独特的民族文化,各呈异彩,蔚为大观,是广西文化得以丰富发展的源泉。人是自然之子,美自天地所生。艺术创作规律表明,艺术的本源来自于对天地万物的感悟,而不是人类理性之规律。因而,越是纯净之地,越有艺术之美,甚至大美和至美。广西文化欲提升创新力,离不开艺术想象力,尤其是非凡的艺术想象力。梅帅元创意、张艺谋导演的《印象·刘三姐》,把舞台设计在广阔的天地间,以江水作舞台、以山峦为舞美背景,纳入1.654平方公里水域和12座山峰,展开了一台剧院无法容纳、民间场圃无法相比的大戏,开创了以自然物作为艺术元素的表演艺术新天地。天、地、人三者自然和谐地呈现,艺术表现力极强,是中国表演艺术的独创,是对传统艺术形式的颠覆,是广西文化创新力的杰出典范。我们应当很好地学习这一艺术创作经验。

(二)发展哲学社会科学事业,提升思维创新力和理论引导力

文化研究和社会实践表明,文化创新力的重要基石是思想力、创造力。哲学社会科学在其间发挥重要作用。文化创新需要艺术想象力,也需要哲学思想力。艺术想象力冲破思想禁锢,哲学思想力给予牵引和动力。文化创新需要哲学社会科学的基本理论和科学方法作支撑,社会实践中的文化创新也得在哲学社会科学的研究过程中升华,才能成为稳定的强大的文化力。哲学社会科学力量作为社会发展的智库,能够在党委、政府决策过程中发挥参谋部、思想库、智囊团的重要辅助作用。因此,增强广西哲学社会科

学力量,是充分发挥文化创新力,促进文化软实力提升的重要途径,应该予以高度重视。

（三）培育创意产业,催化文化引爆力

艺术想象必须落地,思想力引导必须入港。要实现文化大发展大繁荣,必须大力发展创意产业,催发文化的引爆力。目前,我国各省区市正在大力发展文化产业,而文化产业发展中呈现出两种重要形态,一是以文化资源开发为基础的文化产业形态,以文化旅游服务、民族工艺品生产销售、民族节庆等为典型代表;二是以创意活动为基石的创意产业形态,以数字出版、电视电影、表演艺术、音乐创作、动漫与网络游戏、工艺设计等为代表。时代发展表明,引领当代文化产业发展的是创意文化产业。以创新为内核的创意产业,是推动当今时代文化产业发展的主力。

培育创意产业不仅仅是对于文化产业发展具有重要意义,对于提升文化创新力具有重要意义,更重要的是,对于促进经济社会各领域的发展,促进全民族整体文化素质的提升,具有尤为重大的意义。创意,是人类变革和发展的灵魂,是推动社会与经济发展的源动力。创意没有形态、没有界限、没有成规。它的诞生,深远地影响了我们的生活,并创造了我们的新生活。今天,我们讨论提升广西文化创新力,迫切需要用创意的思维方式和创意产业的发展模式,去催化我们的文化创新意识,去推动广西创意产业的大发展,以文化创新力引爆思想意识、经营理念、发展模式和未来规划,推动全社会形成崇尚创意、尊敬创意、培养创意人才、构建创意氛围的良好社会生态。2012 年,广西创意产业协会举办了首届“广西十大创意”评选活动,评出了《印象·刘三姐》、中国—东盟博览会开幕式、搜房网、芝麻糊广告片(叫卖篇)、南宁国际民歌艺术节、桂林愚自乐园艺术创意、电影《黄土地》、金嗓子喉宝之金顶计划、获诺贝尔文学奖作家丛书、南国弈园项目设计共十项为首届广西十大创意,在推动广西创意活动和创意产业的发展方面迈出了第一步，其做法值得肯定和赞扬。

（四）发掘和整理睦邻东盟的文化元素，扩大广西文化走向世界的影响力

我们应当发掘和整理广西文化中睦邻东盟的元素，扩大广西文化走向世界的影响力。我认为，以下三个方面尤其值得重视。

一是具有上万年历史的、以生物人种基因建构的那文化。前面说到，中国的壮族、傣族、布依族和越南侬族、泰国泰族等东南亚民族具有人种学意义上的渊源关系，具有相同或相近的生物基因。远古时代生活在中国南部的骆越人，是这些民族的共同祖先。“那”（或“纳”），在这些民族的语言中是“水田”的意思。他们以在水田中耕种水稻为生，由此形成了“那”文化，又称稻作文化。那文化有万年以上的历史，是包含跨国界多民族具有丰富内涵的文化生态圈。以那文化为核心的壮、瑶、苗等少数民族文化是广西的三大代表性文化之一，是广西睦邻东盟的最重要的文化元素。

二是具有上千年历史以社会历史基因建构的儒佛文化。儒佛文化可细分为儒家文化和佛教文化。儒家文化是中国文化的精髓，有2000多年的历史。它不仅在中华民族发展史上发挥了重大作用，也深刻地影响了东南亚、东亚以及华人聚居较多的国家，如越南、朝鲜、韩国、日本、新加坡等。这构成了亚洲东部由北到南一条极长的跨国界多民族的文化带。佛教文化以印度传入的大乘佛教为代表，公元纪年前后传入中国，逐渐演变为中国佛教。2000多年来，佛教在中国影响广泛，后又传入日本、朝鲜和东南亚多国，传入东南亚的地域以中南半岛5国和新加坡为主。广西作为中国与东盟唯一既有陆地接壤又有海域相连的省级政区，是中国走向东盟的桥头堡，是儒佛文化传播海外的重要通道，是中国传统文化走向海外的重要传播地。广西文化中的儒佛文化元素要充分重视，进一步开发利用。

三是具有上百年历史以民族心理结构建构的华人文化。华人

离开中国迁徙东南亚的时间主要在19世纪和20世纪,已有100多年历史,东南亚是世界上华侨华人最集中、人数也最多的地区,有2000万人以上。华人文化传播于东南亚大部分国家,以在新加坡、越南、马来西亚等国较为集中和更有影响。广西是中国第三大侨乡,东盟各国广西籍华侨华人众多,广西文化与华人文化有着十分密切的联系。刘三姐文化在东南亚国家风靡几十年,就是一个很好的例证。

当然,提升广西文化创新力,开拓文化创新途径的办法还有很多,还有待我们进一步探索总结和在实践中发展。最关键的一点,在于全广西人民,各行业各阶层人士,皆奋发努力,齐心协力,在各自岗位上真正焕发出与时代要求相匹配的"广西精神",如此才能创造出文化大发展、大繁荣的新风貌,实现建设"民族文化强区"的大目标。

西江文化与西江经济带建设刍议

一、西江文化是广西文化的源头之一，地位重要

西江是珠江中段的称谓，流经地段大致是广东西部的广信到广西中部的贵港市一带。广西境内西江流域包括梧州市、玉林市、贵港市和贺州市，一般称为桂东和桂东南地区，总面积 4.7785 万平方公里，占广西全区面积的 20%，总人口 1536.7 万人，占广西全区人口的 32.09%。西江流经的这片土地是岭南文化的主要诞生地。

2000 多年前的先秦时代，这里的古苍梧国就与长江流域的楚国有交往，现今在贵港、梧州等地出土的大量青铜器，说明当时已有较先进的技术和文化。秦汉时期的南越国，汉代的儒文化传播推进了中原文化与当地本土文化的交融和发展。近代中国的政治革命、文化运动（如太平天国运动、孙中山的民族民族革命、新桂系的广西建设运动等），以及沿珠江口逐渐向上游西江发展的商贸行为，使得桂东地区更多地接受了近代先进的思想文化和商贸经济观念所形成的商贸文化。尤其是太平天国运动和民国新桂系统治时期，这里诞生了众多中国革命史上的风云人物，像太平天国初期的核心成员“六大王”，天王洪秀全、东王杨秀清、西王萧朝贵、南王冯云山、北王韦昌辉、翼王石达开，其中有 4 个是桂东地区人，国民党新桂系首脑，可以说有一半也出自这里，如李济深、黄绍竑、黄旭初、夏威等。

沉淀在这片土地上的文化类型，较典型的有客家文化、龙母文化、粤文化（粤语、粤剧、民生风俗等）、名人文化、太平天国文化

等。西江文化是广西文化的一个重要组成部分，属岭南文化范畴，也是岭南文化的源头之一，因而包含两广文化。

二、研究、开发西江文化，对广西现实发展具有重要意义

西江是广西历史上最主要的开放通道。西江流域文化对广西社会发展有着深刻的现实意义。研究西江文化，对于打造广西经济发展的黄金水道，扩大对外开放，促进广西文化发展，具有重要的意义。

改革开放30年来，广西重点开发和建设了桂西地区，有百色扶贫、东巴凤建设、边境大会战建设等行动；还重点开发了北部湾地区，有20世纪八九十年代的北海、防城港等沿海14个开发城市的建设和近两年的北部湾经济区建设。现在开发西江黄金水道，我认为是广西经济社会发展的第三个重大部署，重点在发展桂东地区。其意义我认为主要有以下几点：

1. 思想与体制意义。开发黄金水道，是将农耕文化与现代工业文明、知识经济相连接。文化在其中承担重要职责。一是传播文明，带来民众的观念变革，造成普遍的变革氛围；二是激活社会中枢，推动机制体制转变，使变革落到实处；三是推动产业升级和产业经营思维转变，打造规模化、现代化、品牌化经营模式。

2. 发展战略意义。在广西的发展战略上，有东联西靠，南下发展的思路。但东联广东、港澳的成效一直不大。如今实施开发西江黄金水道，是把广西融入泛珠三角战略，开辟泛珠三角市场，打开区域发展的行政区划藩篱，真正实现经济发展的市场化、大区域化和国际化的战略规划和行为。

3. 文化开发与发展意义。改革开放以来，广西文化实质上被广东文化逐步疏远，岭南文化渐渐成为广东文化的专有名词，广西文化隔绝自守，独立生长。其实广西文化即八桂文化是岭南文化

的源头和重要组成部分之一。两广文化即岭南文化现今仍有极为深广的联系。粤语、粤剧、粤俗等民生联系，根本无法分隔。割裂两者的联系，对广西文化发展不利，久而久之，对广东文化的发展也会产生不利影响。所以近些年广东提出泛珠三角发展战略，目的就是恢复和进一步扩大这种以江河哺育而生的文化联系。研究开发西江文化，不仅有为广西经济发展提供软实力和文化支撑的意义，也是促进广西文化更好地吸收以广东为代表的现代岭南文化的新质，更好地将八桂文化融入岭南文化，扩充广西文化的内涵，提升广西文化的质地，促进广西文化建设和文化创意产业成长的重要意义。

三、开发西江黄金水道要点

1. 走出西江的定位。不能局促在广西土地上讲开发西江。思路是使广西走出西江、融入珠江、融入大海。具体来讲，就是融入泛珠三角发展战略。无论是转变思想观念、制定经营战略、落实产业举措、做好民生发展等方面，都要以走出西江作基本定位。

2. 落实到产业行动中。当前主要是做好承接东部产业转移工作，长远看是做好建立现代大工业园区建设。

3. 文化黏合。战略实施和产业行动能否成功，很大程度上需要文化发挥黏合作用。要充分发挥文化软实力作用，以文化认同造就亲和感、凝聚力和聚合效益，使我们的走出西江有呼应、得认同、能生效。

4. 重视发挥民间组织、民间力量的作用。桂东地区是广西重要的客家文化、华侨文化区域，其间蕴藏大量的能人、热心人和投资人。要重视认祖寻根联亲的文化心理效用，充分发挥民间社团、商会、同乡会、宗嗣群等民间组织和民间力量的作用。联合一切力量开发建设西江黄金水道。

5. 梧州的行动和崛起。工业化和城镇化是现代社会发展的趋势。建设一个高度发达的现代化文明城市,是区域发展的重要目标和任务。开发西江黄金水道,建设好桂东区域,必须在城市化建设上取得成效。梧州历史悠久,工业基础好,文化程度高,应当把建设梧州、使其成为区域性现代化都市的目标纳入开发西江黄金水道的战略规划的重要指标中。以大都市建设和城镇化发展为引领,带动区域发展。

发掘桂台文化交流合作新途径[①]

2005年以来,广西与台湾连续7年合作举办桂台经贸文化合作论坛,至2012年,已是第八届。发展桂台经济贸易,离不开文化交流与合作,已是两岸有识之士的共同认识。广西和台湾处于同样的地理纬度,地理环境相似,在不同的地域与政治人文环境中形成了多样与多彩的民族文化,共同构成两岸中华文化的重要内容和绚丽景观。文化发展是区域发展的基础,是两岸合作的桥梁,是区域经济合作尤其是跨行政的区域经济合作的"黏合剂"。传承中华优秀文化传统,发掘两地的文化优势,是我们开展桂台经贸文化合作的重要内容。本文就发掘桂台文化交流合作新途径发表一些浅见。

(一)原生民族文化生态的观摩与切磋

广西地处中华版图的南部,处于极佳的区位。这里山清水秀、民风淳朴,自然和人文生态均保护良好,构成了广西文化自然天成、得天独厚的成长环境。12个世居民族独特的民族文化各呈异彩、蔚为大观,是广西文化得以丰富发展的源泉。人是自然之子,美自天地所生。目前,广西百色、河池两市大部分地区的壮族、瑶族、苗族等少数民族都保持着千百年来形成的原生民族文化生态,其中最有特色的民族或族群是南丹的白裤瑶、隆林的花苗、龙州的黑衣壮、金秀的瑶族、防城的京族等,另外,广西已建成10个民族生态博物馆,从政府角度,推动民族文化的延续和传承。

广西与台湾的少数民族文化生态有共同之处。花莲的太鲁阁

---

① 本文为笔者根据2012年7月26日在台北圆山饭店举办的第七届(2012)两岸产业共同市场论坛上的演讲稿改写而成。

就是与桂林山水相媲美的自然风光游览区,台湾也与广西一样,有着多民族和谐融合、相亲相爱生活在一起的良好的民族生态区。桂台两地开展交流,通过观摩和切磋,相互了解各自民族生存发展的环境和历史,相互学习各民族的文化成果,体会文化精神,共同探讨民族文化的现代生活方式和发展趋势,应当是很有意义和非常重要的。

(二)文化产业项目的合作

目前,祖国大陆各省区市正在大力发展文化产业,广西自觉发展文化产业也有十多年的历史,取得了一批有影响的文化产业成果,如《印象·刘三姐》、南宁国际民歌艺术节、舞台艺术剧目《八桂大歌》、桂剧《刘三姐》(新版)等,也包括台湾商人在广西投资兴办的桂林乐满地游艺乐园、桂林愚自乐园、玉林云天文化城等。十多年来的历史证明,广西有发展文化产业的极好的文化资源和文化环境,积累了一定的文化产业发展经验;同时,也证明了台湾商界投资广西发展文博、艺术等文化产业同样可以取得很好的成效。2010年以来,广西提出在未来5到10年里,打造"千亿元文化产业",使广西文化产业成为广西经济的支柱产业,这给广西文化产业发展带来极佳机遇。台湾也十分重视文化产业的发展,2010年1月通过了《文化创意产业发展法》。桂台两地开展文化产业合作,此时此刻正当其时。2009年,广西出台了《关于支持台资企业发展的若干政策措施》,欢迎台商来广西投资发展,包括对文化产业的投资发展,如文化旅游服务、民族文化园区建设、民族工艺品生产销售等;也可以开展以创意活动为基石的创意产业形态,以数字出版、电视电影、表演艺术、音乐创作、动漫游戏、工艺设计等。时代发展表明,以创新为内核的创意产业,是推动当今时代文化产业发展的主力。桂台两地合作发展前景光明。

(三)两岸抗日斗争历史的相互借鉴和开发

自19世纪末中日甲午战争以来,台湾和祖国大陆的部分地区相继遭受日本的占领,台湾被日本占领长达50年,史称日据时期;祖国大陆的东北、华北、华东、华中和华南的大片地区,被日军占领数年或十几年,史称抗日战争时期。日本占领中国各地的时间虽然长短不同,但中国人民遭受日本殖民统治的痛苦同样十分惨烈,尤其是发生在祖国大陆的1937年南京大屠杀和发生在台湾的19世纪末到20世纪初长达20多年的对原住民的"讨伐"镇压。台湾彰化鹿港地区的一位爱国诗人洪弃生,写下大量诗作记录了日军大肆镇压和屠戮抗日军民,劫掠民众财物的罪行,其中一首《囚人哀》控诉日本警察在新竹、苗栗搜捕与囚戮民众的罪行。诗云:"惨惨新竹城,凄凄苗栗路。阴风四面来,颓云千里布。警吏夜缚人,如狼驱走兔。三五同一牢,百十同一捕。骈颈就死期,悲情谁得诉?"①两岸的抗日斗争此起彼伏、悲壮激越。台湾有汉人的多次武装反抗斗争,也有1930年爆发的以少数民族的武装反抗为主的"雾社事件"斗争。广西也有1939年的昆仑关大战和1944年的桂林保卫战,至今留下了抗日斗争的历史见证——遗址与文物。抗日战争时期发生在南宁市北部的昆仑关战役,中国军队歼灭日军4000多人,至今留有纪念碑和烈士公墓,刻有蒋介石先生和李宗仁、白崇禧、杜聿明等国民党军政要人的题词,2008年又建立了昆仑关战役博物馆。近两年,已有多批台湾游客到昆仑关战役遗址和博物馆考察参观,包括台湾花莲妇女代表团、台湾花莲青年代表团共约200余人,效果良好。今后,进一步开展对两岸抗日斗争历史的整理、研究和开发,可以深化两岸的学术交流,促进文化遗产保护开发经验的相互借鉴,同时可以提振民族精神,增强中国人的自信心和自豪感。

---

① 洪弃生:《寄鹤斋选集》,载台湾银行经济研究室辑《台湾文献丛刊·第304种》,台湾银行编印,1972年,清华大学图书馆藏。

（四）文化交流合作的具体途径

桂台两地联手开展文化交流合作，我认为，可以从以下三个方面着手：

1. 文化旅游

旅游业是一个包含文化产业和经济产业的综合性服务产业。它可以推动本地经济发展和促进地区间经济的交流与合作。文化旅游是旅游经营的主要产业形式。广西是具有丰富旅游资源的旅游大省，优美的自然山水风光和绚丽的民族文化风情吸引着世界各地的游客。台湾也是山海相连的地区，与广西的旅游资源具有很强的互补性。广西丰富的旅游资源、良好的旅游设施与台湾的旅游需求十分契合，特别是台湾少数民族文化与广西的壮族、瑶族、京族等世居民族各自有适合旅游开发的文化资源。大力发展民族文化旅游，是广西和台湾两地一个十分便利和重要的途径。

2. 影视制作

台湾人民应当熟悉广西制作的或以广西文化为背景摄制的影视剧。电影《刘三姐》20 世纪 60 年代在中国和海外上映时就普遍受到欢迎，后来一直成为广西文化连接海峡两岸，向海外传播的经典影片。到了 80 年代后期，广西拍摄的电影《血战台儿庄》以广西爱国将领李宗仁抗击日本侵略中国的事迹为主要内容，成为打开两岸隔绝几十年壁垒的一个重要的文化产品，尤其在国民党高层产生了强烈的震动。《血战台儿庄》加速了台湾人民对祖国大陆的了解。这些说明，广西在文化背景、创作题材、市场基础等影视剧的摄制和产业运作方面，与台湾有着相互合作的许多有利条件。民族题材和抗日战争题材前景广阔，尤为双方所认同。民族题材影视剧能够慰藉心灵、沟通文化，有易于拍出色彩斑斓、文化认同的艺术效果，艺术美感强。抗日战争题材影视剧冲突激烈、震撼力强。广西部分地区两次被日本侵略者占领，发生了在南宁市北部爆发的昆仑关战役和在桂林爆发的桂林保卫战两次大的战役，台湾也爆发了反抗日本统治的“雾社事件”。这些悲壮的历史和英勇的斗争，见证了中华民族的骨气与精神，富有鼓舞后人奋发努力、振兴中华的深邃思想内涵，易于拍出史诗性大片，市场前景好。台湾导演魏德圣的电影《赛德克·巴莱》在大陆上映时，掀起了一阵观影热潮。这部影片以1930年“雾社事件”为背景，反映了台湾日据时期少数民族赛德克族在其民族领袖莫那鲁道的带领下，以少敌多地同日本侵略者展开殊死战斗的一段历史。电影《赛德克·巴莱》是将民族题材与抗日斗争题材结合的成功例子。广西同样具有悠久的民族文化和绚丽的民族风采，有悲壮激越的抗日斗争历史，广西电影集团是中国有实力的著名影视机构，近年摄制的电影《碧罗雪山》在第13届上海国际电影节获得9项金爵奖中的4项：评委会大奖、最佳导演奖、最佳音乐奖及评委会特别嘉奖，获得上海国际电影节中国新片展映单元电影频道传媒大奖入围奖、最佳新人女演员奖2个奖项。这些条件，可以很好地促进广西与台湾的影视制作合作的文化交流，并形成影视产业互动互利的良好运作态势，积极开展影视剧合拍和合作等文化业务。

3. 社会科学学术交流

广西的社会科学有多个项目可与台湾学术界联合研究。第一是民族问题和民族文化研究，这方面广西社会科学院民族研究所将着手开展，并有详细方案，我不详述。第二是中国近代史研究。在广西的几个在全国学术界具有学科优势、被认为是“研究成绩较为突出，引起国内同行的重视”①的特色学科中，中法战争史、国民党桂系史、抗日战争史与抗战文化研究是与台湾史联系较紧密、关联度高的几个学科项目。中法战争史研究由于广西籍民族英雄刘永福的抗法、抗日活动而受到广西和台湾两地学界的重视。刘永福是晚清时期黑旗军领袖，1883年在纸桥大战中，打死法国将

---

① 详见《广西社会科学年鉴·2003》，广西人民出版社，2003年，第66－67页。

领李威利,打败法军。越南王授予他“三宣提督”职,清朝授给“记名提督”衔。1894 年中日甲午战争爆发,他被清廷调任台湾总兵,帮办台湾军务。刘永福重建黑旗军渡海赴任。在台湾期间,他率领军民奋勇抗击日军,大小百余战,毙伤日军 3.2 万人,留下英雄美名。国民党桂系也是牵连广西、台湾两地的历史学研究课题,国民党桂系的重要首脑白崇禧和其他一些桂系将领在台湾生活了一二十年,这是广西对国民党桂系研究不可或缺的内容。抗日战争史和抗战文化史研究的两岸关联及其重要性,在前面已做分析。此处不再重述。第三是与当下发展有关的中国—东盟经贸文化合作研究。广西与台湾同处于北回归线,拥有同样一片大海,又毗邻东盟各国。开展面向东盟的经贸文化合作研究,是两地发展共同所需。在这个学术领域里,我们有很好的学术联系点和相同的研究需求,应当携手合作、相互促进、共获发展。

以上为我的初步设想。随着时间的推移,相信合作的形式、规模、范围将逐步深入推进和扩大,广西和台湾两地的经贸文化交流与合作都会呈现出崭新的面貌,进入新的合作层面,取得发展的理想收获。

花山文化的国际性与开发思路

花山崖画是壮族先人即古代骆越人绘制在今中国广西南部的崇左市宁明县左江流域两岸大石山崖壁上的图画,是壮族先民智慧和才艺的结晶,代表了中华民族对人类文化艺术发展的贡献,是人类弥足珍贵的文化遗产。

在广西大力建设北部湾经济区和中国—东盟自由贸易区即将建成的背景下,回望花山崖画辉煌壮观的图景,我们发现了花山文化深邃的国际性内涵。让花山崖画走出中国、走进东盟、走向世界,是弘扬花山文化精神,实现花山文化在经济社会文化发展及促进中国优秀民族文化与东南亚民族文化交融的重要途径。要实现这一目标,应当做好以下工作。

第一,要积极创造条件,努力申报世界文化遗产。首先是做好文物保护工作。花山崖画是宁明县人民的宝贵财富,更是中国和世界的共同财富。一切发展,皆要保护在先,毁坏了就砸了祖宗留下的金饭钵。其次继续完善申报材料,做好申报的后续工作。2006年12月,国家文物局公布了重新修订的《中国世界文化遗产预备名单》,包括花山崖画在内的35处文化遗产已向联合国教科文组织申报。但我们还有很长的一段路要走,还有很多工作要做。当前,要严格按照联合国教科文组织的有关要求,积极创造条件,争取"申遗"成功。要以不达到目的誓不罢休的毅力去拼搏。

第二,要加快发展旅游业。当前最适宜做的文化产业是旅游业,既能扩大花山文化的影响,也易于见到经济效益。目前已全线贯通的南宁—友谊关高速公路,给崇左市和宁明县发展旅游业带来极好的便利。我建议首先要尽快设计好旅游路线。目前在南宁市旅游市场上,桂南一带的线路常见的是德天瀑布、北海银滩、中越边境旅游等,很难见到花山旅游路线。应当设计好南宁—宁明花山或南宁—宁明—友谊关的一日游,把广西人口最多的城市——南宁的市民吸引来,再加上每年来南宁的外地游客的三分之一或四分之一,将是很大的旅游市场。再就是可以结合三晚四日的越南游,在出境或返程的日子里安排参观花山崖画的项目。其次,要搞好与旅游部门的沟通协调和合作经营,通过合作开发花山旅游市场,使宁明县和旅行社都获得效益,共同推进花山旅游的发展。最后,要逐步建设与旅游配套的娱乐业、工艺品制造业,完善旅游设施,迎接旅游高潮的到来。

第三,挖掘花山文化的国际性内涵,把花山建成文化圣地。花山文化与东南亚民族文化渊源久远,具有深邃的国际性内涵。首先,从人种学和民族学角度看,远古骆越人是今天包括中国壮族、傣族,越南侬族,泰国泰族等东南亚民族的共同祖先。据范宏贵教授的研究成果显示,我国壮族与东南亚国家越南、老挝、泰国、缅甸和南亚的印度等5个国家的20个民族有亲缘关系,其中与越南的岱族、侬族、拉基族、布标族、山斋族的关系最为密切,属亲兄弟关系,与其他15个民族,属堂兄弟关系。① 因此,从国家主权的角度说,花山崖画是中华民族的创造;从民族文化学上说,花山文化是壮族先民的创造,也是今天东南亚各民族共同祖先的创造。其次,从地理学角度看,花山崖画的地理位置正处在今天中国壮族文化、傣族文化和东南亚各民族文化圈的地理区域的中心。秦代以前,岭南地区即今天的广西广东两省区整个区域均属于百越民族的支系骆越人的居住地。我们以花山崖画为圆心,引一直线北至南岭作一半径,约有700公里,以此半径画一圆圈,北边基本将今天的广东、广西和云南、贵州的大部,南边基本将印支半岛的几个国家

---

① 范宏贵:《壮族在东南亚最亲密的兄弟》,《广西民族学院学报》,2005年第1期。

的大部，都包括进去了。在原始的交通、通讯条件下，地理是文化传播最重要的要素，文化传播和扩张的辐射力对周边而言是基本均衡的。花山崖画所处的地理位置很可能就是远古时骆越人的政治与文化中心。再次，从语言交流上看，花山文化区域的壮族与云南的傣族及东南亚民族的语言属于一个语支。如今，壮族人出国到泰国，可以用壮语交流，因为壮语和泰语有很多相近与相似之处，尤其是古代延续下来的生活语言，基本相同。由此可知，壮族、傣族与东南亚的多个民族具有同一源头。另外，从民俗看，同属稻作民族，饮食、民居、服饰、礼仪等，均相似与相近，具有共同的民族心理和相近的图腾、崇拜物，如太阳、青蛙、鸟、铜鼓。

花山崖画具有深刻的国际性渊源和内涵，可使花山文化成为地地道道的国际性文化。这种国际性使其具有天然的文化亲和力和民族凝聚力。以前，花山崖画地处偏远，交通不便，对外宣传力度不足，致使人们对花山崖画了解不多，影响有限。一些历史的原因也使我们在较长的时间里与东南亚各国尤其是临近的越南交往受阻，联系不多，致使东南亚国家的人民不大知道花山崖画，更不知道花山崖画与自身民族的关联与渊源。因此，我们应当塑造花山崖画所在地的文化圣地属性，将其建设为东南亚民族的精神家园。要发掘和宣传花山崖画的民族本源和民族图腾的内涵，发挥其寻根、溯源、祭祖、朝拜的功能，让花山崖画进入到包括中国的壮族、傣族和东南亚各民族人民心里，让花山文化成为国际性文化。据有关专家统计，中国壮族、傣族和东南亚 20 个“同源异族”民族的人口，约有 9000 万人。到那个时候，花山将成为游人络绎不绝、万人朝拜之地，花山文化将远播世界！

打造布洛陀文化品牌及其产业推进的建议

布洛陀传说在壮族先民生活中传唱几千年。大约从明代起，在口头传唱的同时，《布洛陀》也以古壮字书写的形式被保存下来，其中有一部分变成壮族民间麽教的经文。布洛陀文化已融入壮族人民的生命结构，成为精神生活的源头和内容，在壮族人民的发展过程中以致对广西和整个岭南地区的社会文化的发展，都具有重要的意义。新中国成立以来，广西的民族学家、民间文艺家、文化学者经过长期的收集整理和研究，在布洛陀文化研究方面已取得重大成果，1991 年，张声震、农冠品、蓝鸿恩等学者整理出版了《布洛陀经诗译注》，2004 年，又整理出版了《壮族麽经布洛陀影印译注》，共 8 卷 527 万字，还有梁庭望、覃乃昌、廖明君等人关于布洛陀文化的考察报告，作家陈修龄创作的长篇小说《布洛陀》等。这些，为传承布洛陀文化，进一步推进以布洛陀文化为核心的民族文化产业的发展，奠定了很好的基础。

今天，我们是在世界进入文化经济时代和文化多样性受到各国政府重视和保护这样的大背景下，以及布洛陀文化迅速扩展其影响的区域文化背景下，探讨布洛陀文化及其产业推进工作，我认为，可以从以下几个方面开展。

一、明确市场定位，进一步提升布洛陀文化的影响力

要打造文化布洛陀品牌，必须提升和强化其核心竞争力。这是打造内质、提升文化影响力和市场竞争力的问题。

我们知道,文化是个大概念,布洛陀文化也是个大品牌。目前,布洛陀文化品牌处于正在形成的过程之中,可以说它已是民族品牌、小区域范围品牌、文化资源品牌,但还没有形成心灵品牌、形象品牌、大区域品牌、市场品牌,因此,也还没有最后形成严格意义上的文化品牌。也就是说,我们现在有布洛陀文化,但还没造出布洛陀文化品牌。

从市场定位的角度看,包含以下几个内容:

(一) 价值定位,即布洛陀文化的核心竞争力分析与打造

1. 大品牌。要明确布洛陀文化是大文化、大概念、大品牌。它涉及的区域、时段、层面以至市场十分巨大。

2. 高品位。要以心灵(宗教)品牌、文化形象品牌为追求,建立大品牌、高品位、广布局的品牌目标。这是“布洛陀”概念本身的规定,也是文化经济时代文化发展的规定。不要被小概念、分支概念支配而削弱其大价值,如广西品牌、旅游品牌、会展品牌等,甚至非物质文化品牌都无法包容。初步考虑,可提出“布洛陀神”“骆越始祖”“骆越民族圣地”“岭南文化之源”等概念,它包容了民族起源、民族共同心理、民族暗示等民族心理平衡要素,使人认同、向往。最终使这些概念、这些文化因子逐步由壮、侗民族向那文化圈世居民族、华南和港澳台民众、国内各省和东南亚民众扩散。

布洛陀文化具有天然的文化亲和力和民族凝聚力。田阳敢壮山布洛陀遗址虽然存在已久,也长期被田阳周边几县民众朝拜,但是由于敢壮山布洛陀遗址地处偏远,对外宣传力度不足,致使人们对布洛陀了解不多,社会影响有限。另外,过去我们只强调布洛陀文化的壮族文化内涵,没有很好地挖掘其中的岭南文化和那文化内涵,致使华南地区和属于那文化圈的东南亚民族人民不知道其与自身民族的关联与渊源。因此,必须重塑布洛陀所在地的文化圣地属性,将其建设为南方民族和那文化圈东南亚地区民族的精

神家园。要发掘和宣传布洛陀的民族本源和民族图腾的内涵，发挥其寻根、溯源、祭祖、朝拜的功能，让布洛陀在进入到壮族人民和广西人民心里的同时，进入到包括中国的傣族和越南的岱族、侬族、拉基族、布标族、山斋族等东南亚民族和其他有亲缘关系的民族的[①]各民族人民心里，让布洛陀文化成为一种国际文化。田阳敢壮山会因此而成为国际游人络绎不绝、万人朝拜之地，布洛陀文化将远播世界！

3. 多效益。开发布洛陀文化，其产业本身的价值只是一小部分，重要的是能引来巨大的外部价值。其效益包括多个方面：一是本身形成的文化产业项目的效益；二是文化产业的辐射效益，比如旅游业的效益增加，地产增值，物产销量增加；三是投资效益，引来大量投资，促进社会经济发展；四是无形资产增加，潜在价值提升；五是社会效益，带来就业量的增加，城镇化进程加快，新农村建设卓有成效；六是人口素质效益，文化素质普遍提高；七是形象效益，田阳、百色、广西、壮族等，各个层面的形象都将得到提升。

（二）市场估量

1. 可以考虑照壮族（骆越民族）品牌—广西品牌—岭南文化品牌—泛北部湾文化品牌的思路去做。市场区域扩展顺序是广西西部—广西全区—岭南地区和港澳台地区—东南亚地区—中国各省。

2. 市场对象分类：(1) 具有共同民族文化基因的朝拜者，包括那文化圈在中国西南、华南地区和东南亚各国的骆越后裔；(2) 探寻壮族文化源头或珠江（岭南）文化源头的两广和港澳台地区旅游者；(3) 探寻中国三大文化源头之一的珠江（岭南）文化

---

① 广西民族大学范宏贵教授的研究成果表明，壮族与东南亚国家越南、老挝、泰国、缅甸4个国家以及南亚的印度共20个民族有亲缘关系，其中与越南的岱族、侬族、拉基族、布标族、山斋族的关系最为密切，属亲兄弟关系，与其他15个民族，属堂兄弟关系。

源头的中国各省的旅游者;(4) 中国和世界各国的文化学者和文化旅游者。

(三) 运作布局

1. 长线运作

操作任何一项大项目、执行任何一种大运作都不可能急功近利。既要有5~10年的短中期规划,也要有几十年的长远规划。

2. 广西布局

要避免一县一市单独布局的做法。县、市两级是操作主体,规划布局应由省级机构做。各级政府在操作中,要把自己的规划纳入整个广西文化和旅游发展规划之中,而广西当今的发展布局,又是在北部湾经济区建设和中国—东盟合作发展的框架之中,这样才是大手笔,才有大气象,形成众心所向的形势。我赞成广西民族研究所覃圣敏研究员所说,布洛陀是壮族文化的重要组成部分,研究不要框定在他的住址。同样,布洛陀文化的开发,不要框定在田阳和百色一地。田阳、百色是布洛陀文化的中心,但不是唯一。要有岭南眼光、北部湾以至泛北部湾的眼光,实施广西布局、北部湾布局。

3. 综合推进

多层次、多领域、多区域、多方法的综合推进:自治区、市、县三级综合推进;旅游、演艺、民俗(工艺品、民族景观、服饰、饮食等)产业综合推进;百色与南宁、崇左综合推进;研究、策划、操作综合推进。

二、产业推进实施要点

这是内质外显、影响力扩张问题。

(一) 联合申报世界文化遗产

由广西壮族自治区人民政府申报、广西文化厅操作,与宁明花山崖画联合,以壮族远古文化遗址申报世界文化遗产或其他。

（二）联合推进旅游开发

一是旅游容量要扩张，增加游览观赏要素；二是旅游线路的设置要科学合理，百色市要联合南宁、崇左等市规划旅游线路，以线串点，点点呼应，一步一叹，形成高潮不断；三是旅游项目的设计要出新、精彩，给人震撼。

（三）创作高水准的影视、歌舞、小说等文艺作品

强调不是一般的创作，而是高水准的精品力作。以百色为基地的打造舞台艺术精品；以广西广电局为基地打造电视剧；以广西电影厂为基地打造电影；以广西作家协会为主力创作长篇小说冲击茅盾文学奖。

三、政府的大力推动

布洛陀文化的产业开发是市场行为，也是广西重要的形象工程，自治区人民政府和市、县政府都应当大力推动。这既是布洛陀文化产业开发成功的重要保证，又是布洛陀文化传播的必要行为，也是广西文化建设的大手笔工程。它应当得到广西各级政府尤其是自治区政府的重视和财政支持。在布洛陀文化开发之初，这一点尤为重要。

参考文献

1. 范宏贵：《壮族在东南亚最亲密的兄弟》，《广西民族学院学报》，2005 年第 1 期。

2. 梁庭望，廖明君：《布洛陀——百越僚人的始祖图腾》，外文出版社，2005 年。

扶植广西文博艺术品产业发展的思考

一、文博艺术品产业是广西文化产业的新增长点

（一）广西文化产业必须寻找新增长点

2011 年 5 月 17 日发布的《广西文化产业发展“十二五”规划》提出未来几年广西文化产业发展目标是：“到 2015 年，文化及相关产业增加值达到 1000 亿元，占全区 GDP 的比重达到 5% 左右。”目标令人鼓舞，但是，分析广西文化产业的实际情况，预测未来趋势，要实现这样高的目标，难度相当大。需要我们高度重视、花大力气，走跨越式发展之路，方有可能。

广西作为经济欠发达的地区，过去 10 来年在发展文化事业和文化产业上是有成绩的。文化产业方面，2007 年出版业三项重要数据占到了全国第九位，是很有实力的产业；在文化产业项目方面，南宁国际民歌艺术节、大型实景演出《印象 · 刘三姐》和文化企业广西师范大学出版社等，在国际、国内文化产业界都有一定影响。从整体上对广西文化产业作一评价，属于有亮点，但总量低，技术含量比较落后。最大的差距是文化产业总量还小，2010 年文化产业增加值只有 180.21 亿元（国家统计局口径），占广西 GDP 的比重为 1.68%，比全国文化产业占 GDP 的比重 2.75% 要低 1.07%，差距相当大，整体实力实在是不强。

广西文化产业在这样的低起点上发展，仅仅依照原有模式，只靠原有的产业板块，是肯定无法实现跨越式发展的。2010 年 2 月 28 日，文化部发布《“十二五”时期文化产业倍增计划》，提出了一个目标，即到 2015 年，文化部门管理的演艺、娱乐、动漫等 11 个重

点行业的增加值从4000亿元至少提升到8000亿元，实现倍增。广西要从180亿元提升到1000亿元，不仅是倍增，要比双倍增还多。可见任务极为艰巨。我们应当高度重视，及早开展，科学制订广西文化产业发展倍增计划，落实实施措施，寻找广西文化产业的新业态和新增长点，否则无法实现广西文化产业“十二五”规划的1000亿元目标。

（二）文博艺术品产业是广西文化产业新业态

从当前中国文化产业的实际和当下的文化产业理论分析，文化产业新业态应是动漫、网络游戏、数码文化产品（数码出版物、数码影视等）和高新技术演艺等，文博艺术品产业应属于传统产业。但是，从广西的实际状况看，文博艺术品产业处于起步阶段，还是广西文化产业的一种新业态。广西文化产业要快速发展，在2015年按时实现“十二五”规划，必须扩张规模，向新兴产业进军，打造自己的产业发展新增长点。除了要在动漫、网络游戏、数码文化产品和高新技术演艺等领域大力发展之外，对文博艺术品产业，也要高度重视，加大扶持力度，加快推进步伐，使其发展壮大，以充实广西文化产业实力，壮大广西文化产业发展。

二、培植和发展文博艺术品产业正当其时

（一）广西文化产业大发展需要文博艺术品产业扩张发展

当今世界的发展表明，文化软实力是综合国力和国际竞争力的重要组成部分，发展文化产业是增强文化软实力的重要途径。一个国家或地区要在激烈的国际竞争中赢得主动，就必须在壮大经济实力、科技实力和加强国防力量的同时，使国家文化软实力有一个大的提高。提升国家文化软实力、大力发展文化事业和文化产业的确是迫在眉睫的国家大事。

一个地区也同样如此。广西壮族自治区第十次党代会提出建

设民族文化强区的战略目标，大力发展文化产业，促进文化软实力的提升，应是其中的重要任务。《广西文化产业“十二五”规划》提出，在2015年实现文化产业增加值1000亿元，而2010年时，广西文化产业增加值尚不足200亿元，任务十分艰巨。由此可知，广西文化产业要有大的发展，迫切需要新兴文化产业业态的快速发展，其中也包括目前正在兴起的文博艺术品产业。

从广西文化产业增加值以往的构成成分看，基本上缺乏文博艺术品产业的数据，一方面，广西的文博活动基本上还是以事业方式展开，民间的文博商品贸易数额小，基本没有纳入国民经济统计数据之中；另一方面，一些工艺品产值尚未归入文化产业类作统计，如钦州坭兴陶产品。在“十二五”时期的五年里，广西文化产业增加值要达到1000亿元，按2010年180.2亿元的基数计算，需要年均增幅达到40%以上。这是一个庞大的数据，增速很高，前所未有。因此，依靠原有产业和原来的发展模式，想按时达到1000亿元的规模，应当说是绝无可能的。因而必须大力发展新兴产业，大力开发新增长点，在原有的传统文化产业规模的基础上，实施文化产业倍增计划，再造一个新兴产业规模，以保证目标的实现。

发展新兴产业的途径很多，广西正在大力发展的动漫产业就是其中的路径之一。这方面的工作有许多人在做，已经相当热闹，相关研究课题也有不少学者在开展，此处不论。我们要研究的是如何促进其他新兴产业的发展。其中，文博艺术品产业就是广西应当开发的新兴产业之一。

文博艺术品产业大致可分为文物交易，艺术品销售和装裱、鉴定、咨询等相关服务业三大部分。其中艺术品销售又可分为工艺品和当代美术(书法)作品两类。文物就整体而言，特别是列入等级的重要文物，属于国有财产，可交易的文物是民间收藏的未列入文物等级的那一部分。由于文物可以反复拍卖，不宜以交易金额计入收入。因此,文物交易部分只有拍卖公司在拍卖活动中收取的佣金可计入文化产业增加值,但也数额不少。目前佣金比例在10% ~30%之间,根据某艺术品机构的不完全统计,2011 年中国文物与艺术品拍卖市场年度总成交额为934 亿元,以此数据计算,给艺术品拍卖行业带来93 亿元~280 亿元的营业收入,就其中间值186 亿元看,这个数字比2011 年全国电影业年票房收入131 亿元还多。艺术品销售则基本是新增产值,都可计入文化产业的年度增加值中。此外,还有装裱、鉴定、咨询、仓储、流通等相关服务业的产值。初步估算,我国文博艺术品产业的年增加值应大于1000 亿元规模。广西,经过努力发展,几年后应当可以达到年增加值30 亿元~50 亿元的规模,进入第二梯队产业板块①。因此,我们应当高度重视文博艺术品产业的发展,将其纳入广西文化产业的新兴板块,构成广西文化产业增加值的一个组成部分。

(二)广西具有较强的艺术生产力

广西有较强的艺术生产能力。花山崖画彰显广西壮族先民的艺术激情和艺术想象力,桂林山水风光孕育了广西人民的艺术才情。20 世纪30 年代,徐悲鸿数次到广西讲学作画,培育了广西的现代艺术新苗。千百年来,广西土地上诞生了一批批的漓江画童、民间工艺美术师和专业画家。20 世纪,广西涌现了如阳太阳、黄独峰、刘宇一、李雁、伍纯道、黄格胜、石卫东等杰出的画家、雕塑家和书法家,逐渐形成了新的美术流派——漓江画派。戏剧、美术、书法、雕塑等艺术作品都创造了多次在国际和国内获奖的好成绩。民间工艺方面,靖西绣球、阳朔扇画、梧州宝石、钦州坭兴陶、临桂五通农民画、三江农民画和玉林等地的编织工艺品等,都发展成为

---

① 我们设想:2015 年的广西文化产业的千亿元增加值,应当由3 ~5 个百亿元产业构成的第一梯队板块,6 ~7 个50 亿元产业构成的第二梯队板块,连同一大批微型企业构成的第三梯队板块共同创造所构成。

新兴的民间工艺产业，显示了较强的发展潜力。

艺术素质和艺术水平的高低是决定文博艺术品产业能否顺利发展的基础。广西的艺术生产力应当说在全国处于中上水平，可以支撑广西文博艺术品产业的发展。

（三）经济社会转型需要文博艺术品市场相应扩张发展

2008 年 9 月开始的美国次贷危机以及蔓延到欧洲的金融危机，极大地冲击了世界经济，也给中国的经济尤其是出口贸易造成一定影响。对经济发展趋势反映十分敏感的中国证券市场出现了股票、基金大幅跌落，房地产持续低迷的经济问题和相关社会问题。可以说，近一两年，中国资本市场的三大投资渠道有两个已不顺畅，唯有艺术品投资市场依然火爆。这种情况今后的走势如何，是继续恶化、持续低迷，还是较快逆转，在世界已进入“蝴蝶效应”的现代社会环境里，目前都无法预料，只能对其保持密切关注。2011 年，由于地产和股票方面的很多资金提前退出，这些资金中的一部分便从地产、股票投资方面进入了文博艺术品市场，致使中国艺术品市场拍卖频频出现天价，其中历代美术大师的作品尤为抢手，单幅作品拍卖成交额上亿元的已不罕见，市场呈现出前所未有的火爆，艺术品价位呈几何级数增长。例如画家齐白石的作品价位已达到 4 亿元人民币，据统计，中国艺术品市场 2011 年全年成交总额 934 亿，比 2010 年的 573 亿成交额高出 63% 。

据国家统计局 2012 年 1 月 21 日发布的数据显示，2011 年我国城镇居民人均总收入 23979 元人民币，约合 3800 美元，处于中等收入国家的上端位置。广西设区市的城市居民人均收入在 3000 美元以上，城镇居民人均收入超过了 2500 美元。在此种收入背景下，人们的消费倾向开始更多地转到精神文化生活领域，市场出现了越来越大的文化消费需求。据此，市场投资分析师认为，现今的经济形势非常有利于文博艺术品产业的发展，对于中国艺术品市场来说是一个非常好的机遇，中国艺术品市场总体规模将再度上扬。广西的文博艺术品市场也将随之兴起。

三、扶植和发展文博艺术品产业的对策建议

(一) 扶植美术品创作

广西壮族自治区第十次党代会确立了“促进广西文化实力新提升,建设民族文化强区”的目标任务,自治区党代会报告提出要培育和扶持包括“漓江画派”在内的优秀文化品牌,充分体现了自治区党委对广西美术业的重视和关心。各级政府要认真领会党代会精神,将打造“漓江画派”工程落到实处,作为进一步发展广西文化产业、提升文化软实力的重大举措。应抓紧建设广西美术馆,将其建设成为广西艺术品创作和创意中心,并扶持桂林、北海等市的美术院馆的建设,加强广西艺术学院、广西师范大学和广西大学等高等院校艺术学院的建设。要关心和帮助艺术家提升艺术创造力,使他们进行高质量的艺术创作,力争多出精品、多出佳作,既走上艺术奖台,也走进艺术市场。要加强对基层艺术队伍的指导,尤其是对有农民画基础的村镇和艺术品生产基地的艺术创作指导,保持艺术创新力。新闻媒体应加大宣传力度,扩大“漓江画派”和广西艺术产品的宣传,增强在艺术领域的影响力。通过多种举措,壮大广西美术创作和创意生产的力量,保证广西文博艺术品产业拥有持续的创新力、生产力和影响力。

(二) 培育和壮大文博艺术品市场

与全国喧闹纷杂的文博艺术品市场相比,广西还比较落后,可以说还只是处于起步阶段,需要经历较长一段时间的培育期。目前的状况,一是参与人数少,据广西艺术品收藏协会专家认为,在南宁,目前专注于书画、玉器、古玩等艺术品投资收藏的群体不到两万人,而书画投资领域的只有五六千人。二是相关企业少,规模也不大。在南宁,从事书画经纪、画廊的公司虽然有数十家,但大

多是小店铺、小企业，具备规模与影响力的画廊不多，具有文物艺术品拍卖资质的公司少。三是市场影响力小，艺术品交易效应差，经营规模不大。四是市场管理比较混乱，赝品泛滥，无资质拍卖的情况时常出现，造成极差的社会影响。

因此，在培育和管理文博艺术品市场方面，政府需担当重大责任。要扶植艺术品生产，帮助艺术品行业协会建设，加强对现有市场的规范管理，推进艺术品市场立法进程。当前的一项重要工作是建立一个大型、规范且有较大影响力的文博艺术品交易所，形成集文物鉴定、书画经纪、画廊经营、艺术品拍卖于一体的交流与贸易平台，让参与各方在文博艺术品交易平台上公平、放心地交易，分享利益，也利于扩大规模、规范交易、方便管理，推动广西文博艺术品行业有序健康发展。

（三）培育社会文化艺术氛围，正确引导民间收藏和交易

发展文博艺术品生产，需要培育相关市场和顾客，其基础是社会文化艺术氛围的浓郁和文博艺术品收藏者、爱好者队伍的扩大。随着国家经济水平和家庭收入的提高，人们的需求逐渐从物质享受向精神文化生活领域转移，为文博艺术品市场的扩大提供了社会基础和物质力量。各级政府和相关文化管理部门要因势利导，加强文化设施建设、文化产品生产、文化消费服务，以及美育宣传与教育，以多种方式和新颖内容大规模地引导人们的精神趣味、文化消费向博物馆、图书馆、美术馆、展览馆、文化馆、文物商店、剧场、画廊、艺术品拍卖会转移，引导人们爱读书、爱看戏、爱收藏、爱欣赏美术作品、爱鉴赏文物、爱装饰环境，形成潜心体味艺术，尊崇敬畏文化，高雅艺术流行社会，先进文化大行其道的社会氛围，逐步壮大民间文艺爱好者和收藏爱好者队伍，扩大文博艺术品消费需求，促进文博艺术品市场的繁荣。

（四）完善相关政策法规

鉴于广西文博艺术品产业刚刚起步，市场小，机能脆弱，当前

尤其要研究制订好相关扶持发展政策。要在遵循国家文物保护法和广西地方相关法规的基础上,推进艺术品市场立法,实施扶持文化产业的税收优惠政策,并有针对性地制订出台支持广西文博艺术品产业发展的相关政策,对其生产、收藏、鉴定、交易、转让等环节做出保护性和规范化管理的规定。在必要的基础设施建设方面,应在财政上给予一定支持,在金融、土地等方面给予优惠政策。在积极扶植的前提下,进一步做好文物执法工作,实现文物执法的科学化、规范化、法制化。通过政策、法规、税收、金融和政府管理等方面的合力,促使广西文博艺术品产业充满活力、焕发动力,更好更快地发展。

参考文献

1. 西沐:《中国艺术品市场政策概论》,中国书店出版社,2010 年。

2. 李建平:《以文化软实力促进广西“十二五”快速发展的对策建议》,《沿海企业与科技》,2010 年第 8 期。

3. 蒋林:《广西“藏宝”前景美好》,《广西日报》,2011 年 12 月 6 日。

广西抗战及“二战”遗址保护与旅游开发互动关系研究

广西具有丰富的抗战文化资源。在抗日战争时期，广西是日本侵略者两次入侵惨遭破坏的重灾区，是多次出兵北上抗日并在本土大量歼灭日本侵略者的抗战区，又是上千名文化人集结桂林轰轰烈烈开展抗日文化保卫战的文化区。惨烈的屈辱历史和英勇的抗敌斗争，给广西留下了大量的文化遗产，包括文化遗址和文物，内容十分丰富，形成了类型多样、内涵丰厚、特征鲜明、影响较大的特点。广西人民为中国抗日战争的胜利和先进文化建设做出了巨大的贡献。

一、广西抗战遗址现状

（一）遗址类型

经过对广西境内的抗战和“二战”遗址做初步田野调查和整理，现发现96处（种）抗战遗址和遗产，分为9类①，即：指挥地遗址、战场遗址、日军侵华罪行和中国人民灾难遗址、抗日英雄活动遗址和死难烈士纪念碑塔墓、抗战机场活动遗址、名人故居和文化遗址、国际援华抗战或反战机构和人员活动遗址、抗战标语与石刻、纸质文化遗产。

---

① 具体内容参见李建平：《广西抗战文化资源调查与文学利用》，《抗战文化研究》第二辑，广西师范大学出版社，第247－249页。

（二）遗址分布情况

1. 广西各地均有遗址保存，整体呈散点分布

据调查，目前广西14个地级市区域均有抗战遗址被发现，整体呈散点状分布。

2. 桂林、柳州、南宁三大城市遗址多、影响大，构成三大亮点

桂林是抗战时期的广西省会，又是大批文化人聚居的“文化城”，因而留下的抗战遗址最多。在已发现的96处（种）抗战文化遗产中，桂林市（含所属县）所占比例在半数以上，达48处（种）①。柳州市和南宁市的抗战文化遗址也较多，据初步调查，分别占8处。上述三市的遗址不仅数量多，且影响大。广西列入全国重点文物保护单位的5个抗战文化遗址中，三市占了4个，见表1。

表1　广西各市抗战文化遗址列入全国重点文物保护单位情况

城市	数量	全国重点文物保护单位名录
桂林市	2处(3点)	八路军桂林办事处旧址、李宗仁故居（含李宗仁官邸）
柳州市	1处(2点)	胡志明旧居、柳州昆仑关战役桂南会议会址（与昆仑关战役旧址合并1处）
南宁市	1处	昆仑关战役旧址
梧州市	1处	李济深故居

3. 贺州市昭平县黄姚镇是抗战文化遗址至今保存完好的唯一古镇

桂林、柳州、南宁三大城市抗战遗址虽然多，但三座城市在抗战时期均被日本侵略者占领过，原有文化遗址在战争中受到很大破坏。昭平县黄姚镇在1944年底桂林沦陷后，接纳了由桂林撤来

① 李建平：《抗战遗踪——广西抗战文化遗产图集》，广西人民出版社，2005年。

的一批文化人，如欧阳予倩、何香凝、千家驹、张锡昌、胡仲持、莫乃群等，留下的抗战遗址有中共广西省工委旧址纪念馆、广西日报（昭平版）旧址、广西省立艺术馆旧址、文化名人何香凝、欧阳予倩、张锡昌、千家驹等的故居、古戏台等多处，是保存抗战文化遗址比较完整、抗战氛围比较浓郁的唯一古镇。

二、遗址保护工作现状与存在问题

（一）抗战遗址现状

1. 已列入红色旅游规划的重要遗址受到国家有关部门高度重视，正在加紧维修、扩建

2004 年，中宣部、国家发改委、国家旅游局经调查研究，联合编制了《2004—2010 年全国红色旅游发展规划纲要》，八路军桂林办事处作为国家第一批重点文物保护单位，2005 年被列入全国红色旅游发展规划中，2007 年获得保护和建设资金 2070 万元。目前，桂林市政府文化部门正在积极开展原建筑的维修保护和纪念馆的扩建工作，扩大展出场地，增加展出文物数量，提升展览效果。

2. 一批国家重点文物保护单位的重要遗址受到政府和社会关注，保护较好

苍梧李济深故居、桂林市李宗仁故居、柳州胡志明故居是第一、第二批和第六批国家重点文物保护单位，一直以来受到文物管理部门的重视，保护较好，基本维持原状，有旅游观光价值。

3. 一些遗址被遗弃、遗忘或处于荒野杂草之中，无人管理

根据史料发掘和实地访问，我们在一些荒郊野外寻找到了一些被遗弃的抗战遗址，如桂林城防保卫战的战壕、师级指挥部遗址，宁明县爱店抗日阵亡烈士墓、柳州张公岭抗日军事工事等。这些遗址，或埋没于荒山野草中，或改作他用被人遗忘。

4. 一些遗址因城市开发和改造遭到破坏或已被毁坏消失

柳州美国飞虎队机场是抗战时期华南最大的反战抗日机场，占地面积广，场内建筑物多。但是随着城市建设的扩张深化，原处于郊外的这片空地已逐渐被各种建筑侵蚀，面积缩小，历史建筑受损。原机场跑道剩下的面积已不足原来的二分之一。蒋介石桂林住址原建筑也在20世纪初的桂林两江四湖改造工程中被毁掉，只保留了建筑物旁蒋介石躲避日军飞机轰炸的山洞。

5. 尚有大量抗战和“二战”遗址未被发现，有待进一步调查统计

我们的田野调查工作结束后，还是不断了解到尚有许多抗战和“二战”遗址未被统计却已被有关人士发现，如融安县美国飞虎队失事飞机遇难处、宜州市抗日文化机构活动遗址和文化名人居住地、柳州金鸡岭抗日军事工事、昆仑关战役中的师级指挥所遗址等，有的人向我们提供了照片。这些遗址有待进一步组织有关专家开展调查和证实工作。

（二）抗战遗址保护工作现状

1. 抗战遗址保护工作逐步受到党和政府的重视

广西人民在抗日战争中作出了巨大贡献。新中国成立后，党和政府十分重视对抗战文化遗产的保护工作。首先是确立了一批国家级文物保护单位。20世纪八九十年代，八路军桂林办事处、苍梧李济深故居、桂林市李宗仁故居等被列入全国重点文物保护单位。21世纪以后，特别是2005年9月3日胡锦涛同志在纪念中国人民抗日战争暨世界反法西斯战争胜利60周年大会上，发表了肯定中国共产党领导的八路军、新四军和国民党所属军队一同构成抗日战争的主体力量、各自在敌后战场和正面战场战斗共同抗击日本侵略者的重要讲话后，广西党委和政府积极推进抗战文化遗产保护工作，2006年，以国民党军队为主要力量开展的昆仑关战役遗址和柳州胡志明故居一起被列入第六批全国重点文物保

护单位,彰显了广西抗战文化遗产的价值。

其次是拨出专款维护抗战文化遗产。列入全国重点文物保护单位的遗址曾多次获得维护专款,其他一些省级、市级保护单位也先后获得维护和保护经费,基本保护完好,如阳朔徐悲鸿旧居、桂林广西艺术馆旧址、柳州大韩民国临时政府旧址等。

最后是直接组织和支持有关抗战文化研究活动,促进抗战文化遗产保护工作。20 世纪 80 年代初,自治区党委宣传部组织广西社会科学院和广西师范大学等单位的学者编撰《抗战时期桂林文化运动资料丛书》11 本(实际出版 9 本),奠定了广西抗战文化研究的基础。90 年代,自治区党委宣传部领导多次指导广西抗战文化研究会的工作,参与有关学术会议,关怀抗战文化研究工作的开展。21 世纪以来,自治区党委宣传部又拨出专款,支持广西抗战文化研究会编撰出版《抗战遗踪——广西抗战文化研究遗产图集》,直接促进了抗战文化遗产的保护工作。

2. 文化部门开展多项措施保护相关遗址

一是建立各类纪念馆、博物馆,加大保护力度。目前,已建立八路军桂林办事处纪念馆、李宗仁旧居陈列馆、徐悲鸿纪念馆、柳州大韩民国临时政府旧址陈列馆、昆仑关战役博物馆等,大量抗战文物和历史图片得以保存、被陈列展出。

二是积极申报国家重点文物保护单位,提升保护级别。

三是修复遗址,树立保护标志牌,扩大保护范围。2005 年,在纪念中国抗日战争和世界反法西斯战争胜利 60 周年的日子里,桂林市政协、广西抗战文化研究会等单位和学术团体开展了抗战遗址的田野调查,发现一些新遗址,后协同文物保护单位一道确认了其中一些为抗战遗址。文物保护单位在此基础上,对新确认的遗址,如桂林《大公报》旧址、《救亡日报》印刷厂旧址等,确定了保护范围,树立了保护标志牌,明确了保护责任,达到了保护目的。

四是加大对抗战遗产的研究和宣传,扩大社会影响,增强保护意识。多年来,各级文物保护单位对抗战文化遗产开展了多项研究和宣传工作。八路军桂林办事处纪念馆不仅在文物收集和保护工作上成绩斐然,在历史文化研究上也成果丰硕,已出版《八路军桂林办事处纪念馆研究文集》《血铸的丰碑》《丰碑——桂林抗战纪实文物史料图集》等著作和图片集。柳州市文化局在2005年举办了《抗战中的柳州》大型文物与图片展,出版《抗战中的柳州》丛书4本,桂林市博物馆曾举办"抗战时期桂林文化城文物史料展",南宁市文化局与昆仑关战役遗址保护管理委员会举办"昆仑关战役文物和图片展"。这些活动扩大了对抗战文化遗产的宣传,推进了保护工作。

3. 社会科学工作者开展抗战遗址调研,参与多项保护工作,增添保护力量

广西社会科学界学者从20世纪70年代末开始从事抗战文化研究工作,20多年来出版著作和资料集50余部。进入21世纪以来,广西社会科学工作者将理论研究向科学普及拓展,努力将研究成果通过图文并茂的科普读物、纪念馆展品、大众演讲词、网上答疑等形式,传播到大众之中。2005年以来,广西抗战文化研究会有关专家参加了南宁市昆仑关战役博物馆布展设计方案研究工作、八路军桂林办事处纪念馆扩建布展工作和柳州市"抗战中的柳州"展览的布展工作。此外,研究会还在抗战档案和文物的鉴定、保护工作以及抗战电视剧制作等领域发挥作用。

4. 社会民众自觉参与保护工作

抗日战争留给中国人民的印记十分深刻,抗战英雄业绩长期受到人民群众的缅怀,许多抗战遗址在当地百姓的自觉保护下,以基本完好或大部分完好的形式留存下来,以昆仑关战役遗址最为典型。建于1946年的整个昆仑关战役纪念园区的全部建筑,包括阵亡将士墓园、纪念塔、南北两牌坊、碑亭、中村正雄墓等建筑物及建筑物上镌刻的蒋介石、杜聿明、李宗仁、何应钦、白崇禧等15名

国民党政要人物的题词和题联手迹，虽经“文化大革命”的浩劫，但在当地百姓的自觉保护下，被基本完整地保存了下来。像桂林七星山上的八百壮士墓和三将军墓，也是因后人缅怀其保卫国家领土和民族尊严的伟绩而在几十年如一日的精细保护下留存下来。其他还有阳朔徐悲鸿旧居、黄姚古镇里的欧阳予倩旧居、救亡日报社旧址等，均是如此。

（三）存在问题

1. 部分遗址建筑损坏严重，急需修缮

由于年久失修，许多抗战文化遗址因自然风化而朽蚀严重，历史价值受损。如桂林《救亡日报》旧址建筑破损较严重，无法开辟参观；昆仑关战役纪念园区烈士墓的墓碑文字出现字迹残损和磨蚀现象，许多字迹无法辨认，亟需维护修理。

2. 部分遗址建筑被毁，亟待恢复重建

如柳州美国飞虎队机场营房和指挥台等建筑、合浦县中山公园内的抗日死难同胞纪念碑、宁明县爱店抗日阵亡烈士纪念碑、广西地方建设干部学校旧址等，均只剩部分基石或遗迹，有必要恢复重建。

3. 一些遗址废弃荒野，有待纳入文化部门管理和广为宣传

桂林七星山曾公岩里“敌人在轰炸我们在上课”的岩洞标语，是历史价值极高的抗日标语，书写于该洞入口内壁上。由于该洞没有对外开放，洞口由铁门封闭，常年不开，致使此标语常年处于黑暗的洞穴中，无人知晓。七星岩洞口是1944年桂林城防保卫战时抗日守军与日军激烈战斗的战场遗址，由于没有在七星岩口树立标志牌，甚至在公园简介的文字说明中都没有一字介绍，如此重要的战场遗址不被广大国内外游客知晓，丧失了一块重要的爱国主义宣传阵地。

4. 基本未作开发工作，利用价值不高

除八路军桂林办事处旧址因列为爱国主义教育基地和红色旅

游项目有较多游客前往参观外,其他遗址大部分未与产业开发结合,呈封闭性保护状态。有些对外开放的遗址如李宗仁故居、胡志明旧居等,游客也不多,产业价值基本未形成。

三、广西"二战"遗址保护与旅游业发展的互动关系

(一)抗战文化遗产的深刻内涵和珍贵价值通过旅游方式传播,效益明显、意义重大

1. 抗战文化遗产的深刻内涵

抗战文化遗产是中华民族的宝贵财富和民族精神的外显化身。抗日战争促成了一个古老民族的新生,打造了中国先进文化的浑厚与辉煌。抗日战争对20世纪中国先进文化的建设功勋卓著,影响极为深远,给后人留下了宝贵的财富——抗战文化遗产。

在战争的硝烟弥散淡化之后,是抗战文化遗产将消失了的时空保存了下来,将特殊时空锻造的民族精神凝固成型,给后人留下真切可感的历史场面和历史精神。一个个文化遗产,就是一座座民族精神的丰碑。

2. 抗战文化遗产的珍贵价值

(1)是中华民族的精神家园。中华民族14年的抗日战争,凝结成了中华民族由屈辱到自豪、由失败到胜利、由孱弱到刚强的一段厚重历史,是中华民族精神重建、国魂再造的重要历程。"起来,不愿做奴隶的人们,把我们的血肉筑成我们新的长城……"的旋律在硝烟炮火中已融入我们民族基因中重要的元素,整合成了中国的国魂。显然,印刻在中华民族发展史上的抗日战争和留存于中国广袤土地上的抗战文化遗产,决不是一段平凡的时空和一些普通的物像。它隐藏着中华民族在"涅槃"中成长的密码,是我们民族发展进程中无法脱离的"场",构成了今天中华民族归依的精神家园。

(2) 是爱国主义的教育基地。抗战文化遗产融会了祖国摆脱屈辱、取得独立和自由的历史知识,展现了中华民族的勤劳、勇敢、智慧、创新的民族品格,昭示着和平、正义、自由的人类公理。一处处文化遗产,是一个个宣传爱国主义思想、传承民族优秀文化的大学校,在今天的中华大地上发挥着重要的爱国主义宣传教育作用。

(3) 是文化产业的资源宝库。文化遗产是前人留下的巨大财富和后人不断创新的源泉。当今时代,文化在发挥着巨大的精神力和物质力;文化力,正在成为继科技力之后,推动人类21世纪发展的最重要的力量。抗战文化遗产既是中华民族的精神财富,又是当今时代文化产业开发的资源宝库,蕴藏着极大的经济价值。正在全国各地产生出越来越大的社会效益和经济效益的红色之旅,就是成功的实例。

3. 旅游是传播文化的极好方式

人们在旅游中,通过亲身经历和切身感受,接受爱国主义思想和民族文化的熏陶更为自觉和自然,留下的印象更为深刻。抗战文化遗址的丰富内涵和巨大价值通过旅游方式传播,将会更为深入人心、影响广泛、效果明显。

(二) 抗战文化遗产开发可以扩张旅游业务,增添旅游项目和路线,增加经济效益

1. 扩张旅游业务,增添旅游项目和路线

近几年,红色旅游的开发为传统旅游增添了新的旅游内容和方式。开辟抗战文化遗址旅游可以构成红色旅游的重要内容。广西有丰富的抗战文化资源,包括抗战和"二战"遗址,可以开发出多个旅游新线路和新项目,如南宁的昆仑关战役遗址及博物馆游,桂林的周恩来抗战活动暨八路军桂林办事处旧址及纪念馆游,柳州的美国飞虎队机场、胡志明旧居等"二战"遗址游,等等,从而拓展了旅游业务。

2. 丰富旅游文化内涵,提升旅游业文化层次

文化旅游在当今旅游界已构成了旅游内容的主体,第二次世界大战是20世纪人类最重大的事件之一,令世界各国人民关注。广西的"二战"遗址,除了大量是中国人民的抗日战争遗址外,还有多处涉及美国、苏联、日本、越南、韩国等多个国家的遗址,内容十分丰富。保护和开发抗战和"二战"遗址,对于弘扬民族优秀文化和世界反法西斯文化,具有重要的政治与文化意义。同时,可以提升旅游业文化层次,传播民主、正义、和平等先进文化理念和历史知识,使我们的旅游服务、旅游设施以及各种旅游产品具有长久不衰的吸引力。

3. 增加经济效益

抗战文化遗址旅游的推出,为红色旅游的开展和深入发展奠定了良好的市场基础,并形成了有利的环境氛围,这为广西旅游业的发展带来了更多的机遇和动力,增强了广西旅游业的发展后劲,开拓了更广阔的旅游消费市场,成为广西旅游业新的增长点,增加了旅游吸引力和竞争力,从而增加了旅游客源,扩大了经济效益。

(三)抗战文化遗产的旅游开发可以带动全民参与文化保护,促进文物保护工作上升到全民参与保护层次

1. 旅游开发带动全民关注抗战文化,提升抗战文化遗址的知名度

广西抗战和"二战"遗址有直接的旅游开发价值。通过旅游开发,挖掘抗战和"二战"遗址深邃的精神内涵和珍贵的文化价值,提升抗战文化遗址的知名度,同时,唤起人们了解、尊重、珍视和保护抗战文化遗产的意识,逐步形成自觉的保护意识,遵守法规和政策,避免了文化遗产"养在深山无人识",被历史尘封、最终湮灭的遗憾。

2. 旅游业及其相关产业收益增加为抗战文化遗产保护提供更坚实的物质基础

抗战文化遗址的保护和开发与旅游业的结合,为旅游业开辟了新增长点和新效益,也为文化遗址的保护提供更充沛的资金,增强了文化遗址保护工作的物质基础。

3. 形成由国家文物保护单位和民众参与的共同保护氛围和环境

文化遗产保护与旅游的结合,可以使得游客在旅游观光中逐步形成珍视文化遗产的意识,形成由国家文物保护单位和民众共同参与的保护氛围和环境,使抗战和"二战"遗址的文化价值得到延续,旅游项目能持续经营,达到让全社会共同参与保护,使其得到更高层次保护的效果,产生社会价值和经济价值均持久发展的双重效益。

(四)带动经济社会协调发展,实现旅游扶贫,促进当地社会经济发展

开发抗战和"二战"遗址旅游,可以将广西的历史、文化和资源优势转化为经济优势,推进经济结构调整,培育特色产业,加大基础设施建设和改善城市风貌,促进生态建设和环境保护,带动商贸服务、交通电信、城乡建设等相关行业的发展,扩大就业、增加收入,为广西经济社会发展注入新的生机和活力。

大多数抗战和"二战"遗址地周围的村民生活贫困、经济落后。开发抗战遗址旅游项目的建设,可以利用丰富而独特的旅游资源,变资源优势为经济优势,营造一个加速旅游经济发展的市场、吸纳当地村民广泛参与围绕旅游而发展起来的旅游综合服务业,如餐饮业、旅馆业、照相业以及开设形式多样的购物摊点等,使当地村民尽快富裕起来,最终使当地村民脱贫致富。

四、开发思路

(一) 大力推进抗战文化遗产保护和价值传播工作

一个城市的历史文化,既代表着一个城市的文明成就,也代表着一个城市的特色和灵魂。广西有着丰富的抗战文化资源,南宁、桂林、柳州等城市是抗战文化遗址的集中地。保护这些区域的抗战文化遗址和进行科学开发,既是尊重历史,呼唤和平,切实保护好这些文化资源的客观需要,又是充分发挥这些文化资源的现实功能,强化地方经济建设和精神文明建设的必然要求。因此,大力推进抗战文化遗产保护和价值传播工作具有重要意义,涉及宣传、文化、教育、科研、旅游等部门,需要党委和政府高度重视、认真协调和指导开展。

(二) 建立完善的保护机制

要建立完善的保护机制,首先必须强化政府的主导地位。抗战文化遗址是全民族的宝贵文化遗产,政府是保护这笔遗产的首要责任人,应当强化保护意识,积极承担保护责任。

其次,要开展全面调查,掌握资源情况,确定保护分级。2005年桂林市政协和广西抗战文化研究会曾组织人力实施了对广西部分市的抗战文化遗址调查,查证落实了一批广西地域范围内的政治、军事、文化等方面的重要史迹,但由于经费的不足和普查条件的限制,仍有大量遗漏。因此,开展一次全自治区范围的抗战和“二战”遗址的全面调查,很有必要。在自治区范围内重新进行一次抗战文化资源的专题调查和项目登记,确定分级和重点,进一步完善分级保护制度,切实掌握全自治区的抗战文化资源。

最后,要完善和强化原有的文物管理体制和机构。一是要建立专家委员会,聚集历史、考古、文博、旅游和文化产业等学科的专家,指导文物管理机构和文物保护单位的保护和开发工作。二是要加强原有文物管理部门的力量，增加其管理权限、强化管理手段、落实管理措施。三是增加保护和开发资金，增强保护和开发实力。

（三）制订保护与开发规划

要在政府的主导下，组织由历史、考古、文博、旅游和文化产业等学科专家组成的专家委员会制订一个科学而又切实可行的开发规划，科学整合广西抗战遗产的资源，规划广西抗战和“二战”遗址的保护和开发，明确抗战文化资源开发的目标、重点和步骤，将广西抗战文化研究的理论成果和现有文化资源转化成能够为广西经济社会发展直接服务的旅游项目，将广西抗战文化资源开发纳入规范、有序和高效益的轨道。

（四）积极引导民间文化产业战略投资者加盟开发

广西目前还是经济欠发达地区，地方政府在文化方面的投入相对较少。而文化遗产保护和开发是一个文化科技含量高的领域，其开发投入的资金较大，许多规划设计往往因资金的不足而搁浅。建议在政府拨款的基础上，采取向社会广泛筹资的措施，筹措开发资金。可以建立由政府主导、旅游牵头、部门配合、社会参与的机制，按照“谁投资、谁受益”的原则，采取引资开发、合资开发、股份制开发、租赁开发、买断开发等多种办法，拓宽融资渠道，吸引民间文化战略投资家参与文化旅游景点建设、旅游运输、旅游商品开发和旅游基础设施建设，走以开放促开发、以开发促发展的路子。一些有重大价值的项目要积极做好建设规划，向国家申报旅游建设及相关的基础设施项目建设专项资金，解决资金严重短缺的问题，加快广西文化遗产保护和旅游发展步伐。

（五）设计好旅游开发类型

1. 与开展爱国主义教育和增进历史文化知识相结合的抗战纪念馆、博物馆参观型旅游

抗战文化遗址是进行爱国主义教育的重要基地，在重要的抗战遗址建立纪念馆、博物馆是极为重要的宣传教育和文化传播的

方式。纪念馆和博物馆收集、展示的历史文物集中、量大,展览的主题清晰、明确,信息易于被参观者接收,游览效果好。近年来,广西重点扩建八路军桂林办事处纪念馆、新建昆仑关战役博物馆,在这方面打下良好的基础。

2. 围绕抗战遗址考察和山川风光游览开展的踏青、郊游休闲型旅游

农家休闲游是城市人青睐的旅游方式。许多抗战遗址地处郊外,易于与农家休闲游相结合。黄姚古镇是广西和邻省湖南、广东以及香港游客喜爱前往的休闲旅游地,它以古民居、民风著称,又是一个抗战文化遗址保存完好的古镇。黄姚镇有抗战文化遗址多处:欧阳予倩黄姚故居、广西日报昭平黄姚旧址、广西艺术馆黄姚旧址、上演抗战剧目的古戏台,等等。桂林七星公园是桂林市面积最大、游览类型较多的休闲观光园林,也是桂林市现存抗战文化遗址最为集中的园林,现发现的就有音乐家张曙墓、三将军墓和纪念塔、八百壮士殉难处及墓地、新安旅行团岩洞教育旧址与岩洞标语、张壮飞抗战石刻等多处。结合休闲旅游考察抗战遗址和有关历史知识,能给休闲游增添高尚情趣,丰富游客生活感受。

3. 以瞻仰名人故居、感受文化信息为追求的学习型旅游

抗战时期,桂林有大批文化人聚居活动,被称为战时“文化城”。名人故居和活动遗迹等在桂林大量遗存,如徐悲鸿旧居、梁漱溟墓、张曙墓、郭沫若手迹碑刻、夏衍主持的《救亡日报》旧址、举办西南剧展的广西艺术馆旧址以及桂林图书馆、桂林博物馆珍藏的大批名人字画和民国版著作等,是引人入胜的珍贵文化遗产。这些文物和文化遗址凝聚了巨大的文化信息,构成了学习型旅游的极好的载体,是桂林市旅游业尚待开发的一块黄金宝地。

4. 与军体活动相结合的战场遗址运动型旅游

在抗战遗址地开辟军体运动场地和项目,易受青少年游客的欢迎。南宁昆仑关战役遗址和柳州张公岭军事工事遗址均处

于郊外荒坡，地域宽阔，建筑物少，适合建设为军体活动场地。可设计建设射击场、实战演练园、武术场馆、少年军校等，结合战史和军事工事开展军体运动和活动，开发与军事活动相结合的旅游项目。

(六) 推出重点旅游项目

在做好保护工作的基础上，广西抗战和“二战”遗址开发的突破口是旅游开发。要设计旅游线路，突出重点，推出精品旅游项目。广西境内抗战和“二战”遗址以桂林、柳州、南宁三市的项目最多、影响最大，此三地文化遗址的保护基础也较好，旅游开发的前期工作比较成熟，因此，以此三地作为抗战和“二战”遗址广西旅游开发的第一批项目进行设计和规划，比较适宜和切实可行。

参考文献

1.《广西通志·社会科学志》，广西人民出版社，1999 年。

2. 魏华龄：《桂林抗战文化研究 20 年》，《桂林抗战文化研究文集(六)》，广西师范大学出版社，2001 年。

3. 李建平：《抗战遗踪——广西抗战文化遗产图集》，广西人民出版社，2005 年。

4.《广西抗战文化研究会会刊》(总 1~7 期)，内部资料，广西抗战文化研究会存。

5. 中共柳州市委员会宣传部：《抗战中的柳州》，广西人民出版社，2005 年。

6. [英]蒂莫西，[英]博伊德：《遗产旅游》，程尽能，主译，旅游教育出版社，2007 年。

7.《广西大百科全书(文化卷)》，中国大百科全书出版社，2008 年。

8. 农何茵：《论南宁市昆仑关景区的保护及其开发规划》，《沿海企业与科技》，2007 年第 8 期。

围绕着北部湾经济区建设的企业文化属性及其意义

20 世纪 80 年代中期，企业文化作为西方的一个经济管理模式，其理念和理论被引进中国。进入 90 年代以后，我国理论界全面接受了“企业文化”的概念，“企业文化”在企业界逐渐推开。经过近 20 年的建设，企业文化在我国企业的经营和发展过程中发挥了重大的作用，青岛海尔集团、广西玉柴集团等在这方面取得了突出的成绩。

经国务院批准，《广西北部湾经济区发展规划》于 2008 年 1 月正式实施。广西北部湾经济区开放开发正式纳入国家战略。以广西首府南宁为重点包括北海、钦州、防城港 4 市区域和玉林、崇左两市的交通与物流，将在未来 10 余年里，通过发展高技术产业、加工制造业和商贸、金融、会展、物流等现代服务业，成为面向中国与东盟合作的区域性国际城市、综合交通枢纽和信息交流中心，成为带动、支撑西部大开发的战略高地和开放度高、辐射力强、经济繁荣、社会和谐、生态良好的重要国际区域经济合作区。

广西正在把发展的重点放到北部湾经济区建设上来，提出了“科学发展”“加快发展”“跨越发展”的新战略。在这样的政治经济大背景下，北部湾经济区的建设正在加速，国外和我国东、中部省市的入驻企业日益增加。一个面向东南亚、背靠大西南的开放开发新气象正在北部湾大海涛声中勃发。

显然，全面实施《广西北部湾经济区发展规划》是广西各项工作的重中之重，就经济工作而言，抓好企业文化建设既是保证企业在参与北部湾经济区建设中可持续发展的战略性任务，又是北部湾经济区建设各项工作中的重要一环。

一、北部湾经济区企业文化的新属性

一般认为,企业文化主要包含三个方面:一是在企业发生的有利于人的身心健康的各种文化艺术活动,这是企业员工精神文明建设的组成部分;二是企业员工生活环境的优化,企业文明形象的塑造,企业人的素质和企业产品与服务的文化含量的提高;三是以人为本的经营管理理念,企业长期形成的反映自身特点的价值观念、经营哲学、道德规范、行为准则、企业精神,即以人为中心并将人与物质相结合的现代管理理论。① 这里说明了企业文化具有管理属性和文化属性。围绕着北部湾经济区建设的企业文化,我认为,除了要继续注重上述的一般属性如管理属性、文化属性等外,还要强化和重视其战略属性、跨文化属性和先进性属性。

(一) 战略性

企业文化在生成之初,其核心本质是管理属性。企业文化在一个企业中建设成功,即走向成熟的时候,就进入了企业战略层面,由执行层面上升到决策层面,成为企业发展的核心竞争力。因此,要想使企业文化真正发挥作用,必须高度重视和着力打造企业文化的战略属性,而不是仅仅将其看作和用作一种管理手段、管理模式。

这种战略性要求和属性的形成,是企业生存的时代和环境所决定的。置身于广西北部湾经济区建设的大背景下考察、研究企业文化建设,必然要清楚认识企业发展的坐标,这就是:以国家高度重视广西沿海地区发展,明确将北部湾经济区作为西部大开发

---

① 陈学璞:《企业文化——企业发展壮大的动力》,《中国文化报》,2002 年 9 月 19 日。

和面向东盟开放合作的重点地区，提出新要求，赋予新使命。加快推进北部湾经济区开放开发，既关系到广西自身发展，也关系到国家整体发展，具有重要的战略意义。《广西北部湾经济区发展规划》提出4个“有利于”：“加快推进北部湾经济区开放开发，有利于推动广西经济社会全面进步，从整体上带动和提升民族地区发展水平，振兴民族经济，巩固民族团结，保障边疆稳定；有利于深入实施西部大开发战略，增强西南出海大通道功能，促进西南地区对外开放和经济发展，形成带动和支撑西部大开发的战略高地；有利于完善我国沿海沿边经济布局，使东中西部发展更加协调，联系更加紧密，为国家经济社会发展战略注入新的强大动力；有利于加快建设中国—东盟自由贸易区，深化中国与东盟面向繁荣与和平的战略伙伴关系。”

因此，围绕着北部湾经济区建设的企业文化建设，必须从北部湾经济区建设和广西经济社会发展的战略目标出发，从企业的生存和发展的实际状况出发，着眼于《广西北部湾经济区发展规划》中把北部湾经济区建设作为国家发展战略的一部分的发展目标和要求，对其间的和未来将要出现的企业文化做出新的判断和界定，使其企业文化理念或理论，真正能与这一重要的战略部署相协调。

（二）跨文化性

1. 对区域文化的整合

北部湾经济区作为广西的一部分，依据文化与经济存在互动关系的原理，它的存在与发展必然受广西地域文化的影响。北部湾经济区包括钦州保税区汇集了国内外众多优秀企业，蕴含了许多优秀的文化因素，它们与广西地域文化——岭南文化、海洋文化、民族文化等，在交流、碰撞、磨合、融合的过程中，正在形成独特的北部湾文化。因此，企业文化建设在这种区域文化的整合过程中，必然受这种跨文化性特征的影响，必须高度重视文化的多元性的作用，建立一种非传统学说或非西方理论的多元性的企业文化理论。如此才能将珠三角、长三角、渤海湾等地区的发展经验和企业文化理念借鉴过来，融入北部湾文化、广西文化之中，形成崭新的北部湾企业文化。

2. 泛北部湾文化的吸纳

在经济全球化时代，贸易交往中多个国家、民族的文化经常会进行碰撞、交融，这就要求企业必须不断融合多元文化，增强应变能力。泛北部湾文化是中国南方环北部湾地区与东南亚国家一体化合作发展的跨国性的区域文化，包含有中华（儒家）文化、印度（佛教）文化、伊斯兰文化、东南亚土著文化等多种文化形态。广西北部湾经济区作为泛北部湾区域经济合作的核心区域，作为中国与东盟各国合作发展的前沿平台，在开放开发中必然以面向东南亚为重心，泛北部湾文化在北部湾经济区建设中传播交流、相互渗透、相互影响的程度必然十分广泛和深刻。因此，无论是整个北部湾经济区的氛围、环境、政策、规划，还是企业的设计、生产、服务、销售，都同样会或迟或早地受泛北部湾文化的影响，都会因此或主动或被动地做出文化适应性的调整，并使其逐渐进入到自己的企业文化构建之中，在企业文化中包含有泛北部湾文化的因子，以此使企业发展的国际化目标相适应、相协调，全面促进企业在国际性竞争中适应市场，把握商机，获得效益。

（三）先进性

北部湾经济区企业文化伴随着高起点、大战略、多效益的广西北部湾经济区开放开发建设而生，它的先进性性质与生俱来，并将在积极主动的建设中磨砺、彰显。其先进性表现在：立足国际市场的战略规划、以人为本的经营理念、科学指导的生态生产、福祉社会的终极追求。先进性是北部湾经济区企业文化的灵魂。尽管我们同意“有企业就有企业文化”的说法，但仍认为：一切仅以个体企业的利益而生，不能与时俱进培育和发展先进性的企业文化，只不过是一些“伪文化”或“落后文化”。这样的企业文化将无法在风生水起的北部湾涛声中长期"漂浮",终会被历史大潮所淘汰并消失。坚持企业文化的先进性,是北部湾经济区企业文化建设的唯一选择。

北部湾经济区企业文化必须具有战略性、跨文化性和先进性的属性与特征,这是企业文化发展的必然趋势。在企业文化建设中,把握住这种趋势,强化这种属性,将有利于我们实现科学发展、加快发展、跨越发展,实现《广西北部湾经济区发展规划》中的目标。

二、加强和推进北部湾经济区企业文化建设的意义

近几年,广西经济经过发展,目前已培育并逐步形成以制糖、有色、冶金、电力、汽车、机械、建材、医药等为主的一批优势产业。其中糖产量已突破600万吨,占全国总量一半以上。北部湾经济区建设的正式展开,临海重大工业项目如石化、钢铁、汽车等和高新技术项目的建设,使广西面临新的机遇和挑战。在新的形势和新的任务面前,把企业文化作为文化建设和经济建设的统一体,加强和推进企业文化建设,具有紧迫而长远的意义。

(一)内部意义:增强企业核心竞争力

一个企业生存和发展的动力实质来源于企业的文化。资金与技术,是企业发展的重要因素,但凭借企业文化,资金与技术就能发挥更大效益。可以这么结论:企业文化是企业的核心竞争力。企业文化是知识经济时代企业提升市场占有率和整体形象的强大动力。

1. 企业文化在发掘企业形象、无形资产、知识产权和科技生产力方面发挥重要作用。知识经济时代,企业的产品质量和销售服务,越来越依赖企业的人文管理和员工的精神状态,企业形象、知识产权在企业效益中占据越来越大的份额,这些,都需要企业文

化的整合和发掘。科技生产力的提高,也靠的是人的智慧和知识潜力的发挥和发掘,没有一个好的企业文化作支撑,科技生产力不可能充分发挥出来。北部湾经济区正在建设成为高新科技园区,用国际上最新、最好、最先进的设备武装企业,用高新技术改造传统产业,是广西"开放开发""科学发展""加快发展""跨越发展"的技术保证。企业文化在整合科技人才、发掘科技潜力、提升科技生产力方面,发挥着越来越重要的作用。

2. 开拓国际市场。我国加入世贸组织后,企业在运行中与国际接轨是必然选择。我国企业进入国际市场,不仅是经济行为,而且是文化行为,包括交流、交融与冲突。我们必须发挥文化的优势,充分发挥企业文化的功效,在开拓国际市场中获取更大的效益。

3. 科学发展。北部湾经济区建设起点高、任务重、责任大,但是决不能走"先污染,后治理"的高消耗、高污染型的经济发展之路。科学发展观是我们国家和企业发展的指导思想。强化企业文化建设有利于科学发展观的宣传、贯彻和落实,有利于保护中国海岸线最后一片洁净海域和沿海区域生态,有利于企业的科学发展战略和以人为本的经营观的形成和实施,也有利于企业长期持久的发展经营和社会的和谐稳定。

(二)外部意义:发展企业文化是现代企业的社会责任和社会贡献

长期以来,企业信奉"利润最大化"理念。其代表性理论即"芝加哥学派"著名学者、1976 年诺贝尔经济学奖获得者米尔顿·弗里德曼的"企业的责任就是使利润最大化"①。但是 20 世纪七八十年代以来,随着环境、生态、人权问题的凸显和社会的进步,弗氏理论逐渐被人冷落,企业必须承担相应的社会责任的理念逐步

---

① 转引自王唤明:《企业社会责任的伦理学思考》,博锐管理在线,2005 年 6 月 10 日。

被社会和企业界所接受。1971年,美国经济发展委员会用"三个同心圆"来定义企业社会责任。这就是:企业首先要履行经济职能的基本责任,并且企业履行经济功能要与社会价值观和关注重大社会问题相结合,同时企业必须履行更广泛地促进社会进步的不明确的责任①。在现代企业的发展理念中,被普遍认同的是:企业在创造利润、对股东利益负责的同时,还要承担对员工、对社会和环境的社会责任,包括遵守商业道德、生产安全、职业健康、保护劳动者的合法权益、节约资源等;唯其如此,才能实现企业与社会共同的可持续发展。这种发展理念,构成了现代企业文化的重要组成部分,发展企业文化对于巩固和强化企业的社会责任起到极其重要的作用。

企业文化既是企业自身发展的核心竞争力,也是一个国家一个民族的文化体现。优秀的企业文化,是企业对国家和社会的新贡献。在社会上,表现为一种文化景观,一种文化品格,一种文化力量。它不仅给企业带来发展的动力和不竭的利益,也给社会传播先进文化的理念,展示生动的文化形象,让社会感知先进的价值观念和崇高的企业精神。这就如2008年5月12日四川汶川大地震发生后我们所看到的,许多企业向灾区伸出援助之手,捐款捐物的场景令人感动和振奋!以往我们只看到企业对国家和社会的经济贡献,现在更清楚地知道了优秀的企业文化,是对国家和社会的一种文化贡献。它们在为国家和社会创造巨大的物质财富的同时,也为社会的精神文明建设,为民族的文化发展,提供了有益的成果和必需的养分,丰富和发展了企业的终极发展目标——福祉社会。

北部湾风生水起,北部湾经济区建设热气腾腾。我们有理由

---

① 转引自龚志文:《鄱阳湖生态经济区企业社会责任协同推进机制及路径选择》,《沿海企业与科技》,2012年第8期。

相信,在科学发展观的指导下,在自治区党委和政府的决策和部署下,广西北部湾经济区前景光明,广西的经济社会发展一定会跃上一个新台阶,在2020年到来的时候,定能实现富裕、文明、和谐新广西的奋斗目标。

2015年广西实现“千亿元文化产业”目标的问题与对策

2011年5月17日发布的《广西文化产业发展“十二五”规划》提出，未来几年广西文化产业发展目标是：“到2015年，文化及相关产业增加值达到1000亿元，占全区GDP的比重达到5%左右。”实现这一目标，难度很大，我们必须认真准备，力求实现。

一、对广西文化产业的总体评价

中国政府自觉发展文化产业起于20世纪末，国家“十五”计划中首次提出发展“文化产业”，至今已有十几年的历史，广西自觉发展文化产业的历史也大体同步。作为经济欠发达的地区，广西在发展文化产业上却是有成绩的，2007年出版业三项重要数据占到了全国第九位，文化产业项目南宁国际民歌艺术节、《印象·刘三姐》和文化企业广西师范大学出版社在国际国内文化产业界较有影响。整体看，广西文化产业虽有亮点，但总体还比较落后，最大的不足是总量还小，2010年文化产业增加值占广西GDP的比重达不到国家的平均水平，整体实力还不强。

二、存在问题

（一）文化产业总量偏小，在国民经济中所占比重偏低

广西文化产业的规模小，无论是规模水平还是发展速度都落后于周边的广东、湖南、云南等省。据广西统计局提供的数据，

2010 年，广西文化产业实现增加值 180.21 亿元（国家统一口径，含法人单位、产业活动单位和个体户等），比 2009 年增长26.89%，其中全区文化产业法人单位增加值为 159.21 亿元，比 2009 年增长 28.28%（2009 年为 124.11 亿元），占全区地区生产总值的比重为 1.68%。在全国的排位大约在 25 位左右，在西部的排位大约在中等偏上位置。与同为西部地区的云南比较，2010 年云南文化产业增加值达 440 亿元，比 2005 年的 183 亿元翻了一番多，占全省 GDP 的比重达 6.1%，与北京、上海、广东、湖南、湖北一起成为全国 6 个文化产业增加值占 GDP 比重超过 5% 的省市。

（二）文化产业组织集约化程度不高，经营方式陈旧

广西文化产业领域小型企业居多，现代大型文化企业屈指可数。2004 年的数据显示，平均每个文化产业活动单位从业人员 25 人，其中文化服务业更少，不足 20 人。这种状况到目前仍无太大的改观，如作为文化产业示范基地的百色靖西绣球村，长期是家庭作坊式经营，经营规模无法扩张，产值一直停留在年收入 100 多万元的规模。文化产业组织的小型化、资源优势的分散化，阻碍了市场强势竞争力的形成。

（三）产业优势不明显，大型国有文化企业的效益有待提升

总体上看，除了出版发行、文化旅游、文化产品生产和销售等产业效益相对好一些外，演艺、新闻、会展等行业基本上还处于平本或微利阶段。其他一些文化产业的经营如娱乐休闲、网吧经营等大多数处于小公司、小制作、小收入状态，低层次运作，小环境发展，松散型管理，难以发展形成产业规模，更谈不上培育文化市场。文化企业运作效益不高，特别是大型国有文化企业的效益除出版业外，其余的企业效益还不高，多数处于“广种薄收”“只种无收”“长种短收”的状态。这种过分分散的组织模式和产业运行机制，不具备向外扩张和竞争优势。就是效益相对较好的出版业和广播电视业也还不具备区域性的影响力，形成的产品链、产业链少，尤

其是制作水平仍需进一步提高。

(四) 文化产业投入不足,制约发展规模

广西文化产业整体投入不足,限制文化产业的发展规模。广西经济总量还不大,这些年来政府主要投资于工业与交通,对文化产业重视不够,投资不足。与此同时,民营或私人文化企业数量少,规模小,外资或合资企业也还不多,加上对外推介招商引资项目少,致使文化产业投融资渠道单一,资金匮乏,特别是相关政策偏差等因素,出现了投资运营文化产业的中小企业融资难等诸多问题。

(五) 文化产业管理体制不顺,管理力度不够

文化产业的发展已超越了传统概念上的文化范畴,而我们的管理体制还停留在计划经济时代管理文化的水平,表现在职能交叉、多头管理、效率低下、行业和地区壁垒森严、低水平重复建设严重等问题。有关文化管理部门尚未完全从直接办文化的管理模式中脱离,且各自为政、管理不力,不利于规模化发展和大市场运作。如音像业的内容审查、出版发行和市场管理分属广电、新闻出版、文化三个部门;旅游业的服务、文物管理、餐饮销售等也分别由旅游局、文物局、工商局主管;统计部门在数据统计、发布方面行动不力。使同一产业链条在不同部门间游离,部分文化资源被闲置浪费,难以得到系统开发和充分利用。

(六) 产业结构不合理,与现代科技结合的新型产业缺乏

广西文化产业中的传统文化产业比重过大,创意型和高科技型文化产业比重太小,基本还处于萌芽状态,没有形成产业规模。经营传统产业的企业引入高新技术与先进装备也十分有限,企业整体科技含量偏低,发展后劲不足。

(七) 文化产业创意不足,缺乏研究开发

广西文化企业除少数大型国有文化集团外,大多数是小公司,其多数又处于小制作、小收入、低水平状态。整体上创意型人才奇

缺，缺乏研究和策划能力，对市场和产品开发研究不足，文化创意活力不强。

（八）文化产业发展数据匮乏或滞后，影响决策

文化产业的官方统计数据发布时间较经济数据滞后至少 6 ~ 9 个月，往往影响了一个年度的文化产业发展决策。研究工作者为了研究需要，只得自行调研，但常常出现调研单位不提供或不能提供准确数据的情况，致使调研数据不精确，仅能作参考使用。

（九）文化产业人才队伍总量不足，素质不高

广西文化产业的从业人员总数依然偏少，在全社会从业人数中不足 1%，低于全国平均值。而发达国家这一比例高达 3% ~ 6%。广西文化产业从业人员整体素质也偏低。

（十）发展速度不快

广西文化产业发展速度慢，无法在 2015 年实现千亿元目标。经过估算：到 2015 年，以年递增 10% 计算，广西 GDP 大约为 15300 亿元，以年递增 11% 计算，广西 GDP 大约为 16000 亿元，5% 是 765 亿元 ~ 800 亿元。2004 年—2010 年，广西文化产业增加值年平均增长速度约 20%，若以 180 亿元的基数和年增速 20% 的速度计算，根本不可能达到在 2015 年文化产业占 GDP 5% 的目标。我们将未来几年的年增速调高到以 25% 计算，结果是：2011 年 225 亿元，2012 年 280.1 亿元，2013 年 350 亿元，2014 年 437.6 亿元，2015 年 546.4 亿元。这距离 1000 亿元的目标还差 45.3%，距 765 亿元 ~ 800 亿元的目标差距也很大。

三、发展建议

根据近几年的发展速度预测，广西文化产业增加值要占到全区 GDP 的 5%，成为支柱产业，至少还需要八九年时间。广西文化产业必须实现超常规、跨越式的发展，才有可能在 2015 年达到“千

亿元文化产业"的目标。

这里,我就如何加快广西文化产业发展,提出几点建议:

(一)深化体制改革,激活文化生产力

对国有文化单位的体制改革,大家都有深刻认识,广西的实际动作也很多,这里不多说,只说省级文化体制改革。深化文化体制改革,就一省(区)而言,首先应是省级体制改革。目前,广西文化产业的管理体制似乎已经建立,有自治区文化体制改革与文化产业领导小组(以下简称文产领导小组),办公室设在自治区宣传部,但我认为实际情况是体制依然比较混乱。相关文化产业分属于文化、广电、新闻出版、旅游、广西日报社等厅局,省级管理实体其实并没有实行统一高效的管理。文化产业的生产基本还是自行其是、各自为政。

针对这种情况,广西应当建立统一的高效能的文化产业管理机构,指导和监督各大型国有文化企业将文化产业真正作为"产业"来经营和管理,并做到高效率运作、高效益产出。

具体的体制问题和改进办法有如下几点:

1. 自治区宣传部执行的文化体制改革与文化产业领导小组的职能还比较窄,功能比较虚。在指导文化体制改革方面功能强,在指导文化产业方面功能弱;政策贯彻功能强,经营指导功能弱。

改进办法:文化产业领导小组办公室要强化宏观调控力和生产引导力,真正起到具体指导和监管作用;要充实文产领导小组办公室力量,组建"参谋部",至少增加 3 ~ 5 人,具体从事数据统计和研究工作,在研究的基础上每半年提交一份发展对策报告供领导决策参考,每年编撰出版一本《广西文化产业发展报告》,起到参谋部的作用。

2. 自治区文化体制改革与文化产业领导小组办公室和发改委在产业规划、经营管理方面的协调与合作。目前两部门在对全区文化产业生产的宏观指导、制订规划、管理监督等职能的划分上还有些模糊，执行功能也还不够强。

改进办法：科学界定各自职能，妥善协调相互关系，强化执行功能。

3. 文化厅与旅游局在文化旅游经营方面的协调与合作。文化产业与旅游的关系十分密切，目前的管理体制不顺。以文化与旅游的协调为例，近两年我在主持完成自治区社科规划课题《广西抗战遗址保护与旅游开发与项目设计研究》过程中，接触到文化遗产保护与旅游开发的相关问题，了解到文化部门与旅游部门的一些利益矛盾。一是有的文化部门对文化遗产只重保护，旅游部门只讲开发，双方不能对接；二是文化部门辛苦保护，旅游开发造成较大破坏；三是文化部门的一些文化遗产开发成果，最后却被旅游部门享用，极大挫伤了文化工作者的积极性，甚至引发利益纠葛；四是文化旅游的统计数据，两厅局各有一套，无法统一。

改进办法：一是统一管理文化和旅游两厅局（比如由一个自治区副主席统管）；二是尽快制订文化旅游统计指标。

（二）加大投入

文化产业既然是产业，同样需要投资的推动，凭借大投入达到大产出是重要举措之一。现在到了对文化产业大投入的时候了。一是有市场需要。人们消费结构开始发生转变，物质消费的比重正逐渐减少，精神文化消费的比重在不断增加，家庭收入的支出在教育、旅游、休闲等方面开始增多。二是文化产业产出效益好，有利于广西 GDP 总量的提升。据统计，文化产业的年增长速度一般在 15% ~20% 以上，高于经济的综合增长速度。经过多年的投入和发展，广西形成了一定规模和数量的文化资产。文化产业正在成为“产业”，而不仅仅是“文化”。只要我们进一步加大投入，像办工业、建高速路那样作为广西经济的新增长点去培植和促进，文化产业可以在四五年内成长为广西经济发展的支柱产业。三是促进广西经济结构调整，改变增长模式。我国改革开放 30 多年来取得了巨大的经济成就，但是，这在很大程度上是依赖一种高污染、高排放、低效益、组织上粗放的增长模式。而文化产业，恰恰是以创意产业为核心的一种低污染、低排放、高效益，与粗放经营正好相反的新的增长方式。发展文化产业将改变原始产业依赖资源、进而对生态环境产生破坏作用的负面影响，改变资源高消耗、经济低效益、环境高污染的粗放型、浪费型的传统经济增长模式，实现资源高效、综合利用、经济高效、环境安全的集约型经济增长模式，形成以生态型经济和创意型经济为中心的产业模式，有效地促进人与自然的和谐发展。这对于我们正在进行的北部湾经济区开放开发尤为重要。

因此，我们有理由加大对文化产业的投入，以提高产出量，从而确保文化产品满足日益扩大的市场需求和北部湾经济区发展的需求，确保广西文化产业总量的快速提升。

改进办法：

1. 政府增加对新兴文化产业和起引导作用的重大文化产业项目投资。要更多地采用“政府采购”和产业投资的形式，使国有资本的投资机制逐步从事业性投资、全额拨款向项目投资、差额拨款、产业投资、战略投资转变。

2. 大型国有文化企业要拓宽融资渠道，争取早日上市，向社会集资融资，扩大经营规模。

3. 积极引导社会和外资进入文化产业领域，扩大民营和外资文化企业的资本运作。

4. 银行信贷放宽对文化企业的限制，加大金融对文化产业的支持力度。

（三）加快文化企业在证券市场上市融资步伐，做大文化产业实体

经过文化体制改革，广西已组建了一批国有文化控股公司、国有文化资产经营公司，它们正在成为文化领域资本的运营主体和

投融资主体。要推动大型文化企业强化现代企业管理,做好在证券市场上市的规划,做好资产、经营管理等各项准备,并尽快推进它们在沪深证券市场或海外市场上市。争取在二三年内有两三家大型文化企业在证券市场上市。

（四）做好发展规划

这里说的规划不是已发布的《广西文化产业"十二五"发展规划》,而是设计好2015年的"千亿元文化产业"从哪里来的规划,即2015年时,文化产业各行业各大型文化集团要达到的具体指标,各市文化产业以及民营、外资企业大致可以达到多少指标。这个规划的制订,一方面要调动较大力量对广西文化产业现状作出全面细致的调研,摸清现有情况,另一方面可以在调研数据的基础上,引进数量经济学方法作出数学测算模型,以使规划的制订更为严谨、科学、可靠。

（五）加强社会科学事业建设,提升文化创造力

文化研究和社会实践表明,文化软实力中最重要的是思想力、创造力。哲学社会科学在其间发挥重要作用。文化创新需要哲学社会科学的基本理论和科学方法作支撑,社会实践中的文化创新也得在哲学社会科学的研究过程中升华,才能成为稳定的强大的文化力。哲学社会科学力量作为社会发展的智库,能够在党委、政府决策过程中发挥参谋部、思想库、智囊团的重要辅助作用。因此,增强哲学社会科学力量,是充分发挥文化软实力作用促进文化产业快速发展的重要途径,应该予以高度重视。

加强哲学社会科学事业发展,是一个整体提升文化软实力厚度和力度的工程,必须做好增加发展资金、完善基础设施、重视人才建设、改进政策和管理体制等工作。应当结合广西的实际和时代特点,建设具有广西特色、民族风格、南国气派的哲学社会科学体系,建设一批与民族地区发展需求相结合的社会科学研究基地和重点实验室,建设一批具有地方特色和专业优势的思想库,如中

国一东盟问题研究、民族区域发展与民族团结和谐研究、北部湾区域发展研究、广西文化产业发展研究等。要进一步壮大社会科学队伍和力量,逐步在广西各市建立市级社会科学院,大力培养青年社会科学工作者。

具体措施:

1. 建立一支稳定的、高素质的文化产业研究队伍。成立自治区文化产业发展研究中心(或研究基地),由编制办公室编定6~8人的编制(暂定数额),专门从事自治区文化产业发展对策研究,协助自治区文产领导小组办公室工作,定期为党委、政府提交文化产业发展对策报告,并每年编撰出版《广西文化产业发展报告》。

2. 加强广西社会科学院建设,包括社会科学研究基地和重点实验室的基础设施建设、人才培训基地和与东盟学术交流基地的基础设施建设,纳入五象新区广西文化产业城规划之中。整合广西社科院文史所、哲学所、东南亚所、社会所、区域发展所、数量经济所、信息中心等研究实体的力量,强化广西文化产业研究实力,为推进广西文化产业发展作出贡献。

3. 逐步组建各市社会科学院。目前只有南宁、北海两市建立了社会科学院,应该尽快在桂林、柳州、梧州三市建立,并逐步推动其他城市建立社会科学院。

后　记

我自1999年5月3日在《广西日报》发表《培植和发展文化力》、2001年2月15日在《中国文化报》发表《新经济进程中的文化力竞争》开始，在文化和文化产业研究方面用力越来越多，逐渐将研究精力由文学研究转到了文化研究。这既是时代的驱使，也是自己学术轨迹自由滑行的必然。21世纪以后，开始了年复一年的文化与文化产业课题的调研和写作，还有自2005年起每年主编一本《广西蓝皮书·广西文化发展报告》的工作，十几年下来，我在文化研究方面积累的成果已不弱于文学研究，在社会传播和影响上甚至超过了文学研究。2007年时，曾与中国社会科学院学部委员、中国工程院院士李京文先生合作，在方志出版社出版了一本《文化力与文化产业》，如今，这本《文化软实力与经济社会发展》是第二本文化研究著作了。书中除第二章是合作成果外，其余三章，是我自2007年底以来近5年里独立完成的研究成果。

书中第二章《提升文化软实力促进广西"十二五"时期经济社会发展对策研究》一文，是我于2011年担任课题主持人和主要撰稿人完成的一个研究报告，与我合作完成该稿的还有我的同事覃振锋、过竹、王绍辉、李燕宁、黄璐，在此对他们在其间工作的辛劳和贡献的智慧表示衷心感谢。

这里得提及我敬重和感激的一位学者——我国文化产业研究领域著名学者、上海市社会科学院文化产业研究中心主任花建教授。他多次受广西政府文化主管部门的邀请，来广西指导文化建设和文化产业发展，使广西文化界受益甚多。我在2006年至2009年召开的第一至第四届中国—东盟文化产业论坛上多次听到他的演讲，收获颇丰；与他相识后，又常得教益。此次在编撰拙著第三章有关“中国—东盟文化产业合作发展”的文稿时,我常常忆起在几届中国—东盟文化产业论坛上与他的交往和他的教诲。拙著完稿后,我将书稿寄去请他指教并赐序,得到他的欣然应允和热情指点,在此致以诚挚谢意!

本书在写作中参考了国内外众多学者的专著和论文,在完成调研报告的过程中得到相关文化单位、企业的热情接待和帮助,并参考、吸取了各级统计部门、相关单位和学者的一些数据,各界人士支持甚多,无法一一罗列,在此一并表示衷心的感谢。

本书的出版得到广西社会科学院学术著作出版专项资金的资助,衷心感谢广西社会科学院领导和科研处有关同志在学术上的指导与出版上的关心、支持。也感谢江苏大学出版社接纳了这部书稿,感谢责任编辑顾正彤、顾海萍在精心编辑校对工作中付出的辛劳。

限于在文化调研工作中的一些局限和自己认识上的某些缺陷,书中难免存在一些不足甚至错误的地方,敬请各位方家和广大读者提出批评意见。

作　者

2012 年 10 月 5 日